Paleo toiduretseptid 2023

Looduslikud ja lihtne valmistada toidud, et parandada oma tervist ja elukvaliteeti

Valeri Karu

Sisukord

3

4

GRILLITUD RIBAPIHVID HAKITUD JUURVILJARÄSIGA

ETTEVALMISTUS:20 minutit seista: 20 minutit grill: 10 minutit seista: 5 minutit valmistab: 4 portsjonit

RIBAPIHVID ON VÄGA ÕRNA TEKSTUURIGA,JA VÄIKE RASVATRIIP STEIGI ÜHEL KÜLJEL MUUTUB GRILLIL KRÕBEDAKS JA SUITSUSEKS. MINU MÕTLEMINE LOOMSETEST RASVADEST ON PÄRAST ESIMEST RAAMATUT MUUTUNUD. THE PALEO DIET® PÕHIPRINTSIIPIDELE TRUUKS JÄÄMINE JA KÜLLASTUNUD RASVADE HOIDMINE 10–15 PROTSENDI PIIRES OMA PÄEVASEST KALORIKOGUSEST EI SUURENDA SÜDAMEHAIGUSTE RISKI – TEGELIKULT VÕIB JUHTUDA KA VASTUPIDINE. UUS TEAVE VIITAB SELLELE, ET LDL-KOLESTEROOLI SUURENDAMINE VÕIB TEGELIKULT VÄHENDADA SÜSTEEMSET PÕLETIKKU, MIS ON SÜDAMEHAIGUSTE RISKITEGUR.

3 spl ekstra neitsioliiviõli

2 spl riivitud värsket mädarõigast

1 tl peeneks hakitud apelsinikoort

½ tl jahvatatud köömneid

½ tl musta pipart

4 ribasteiki (nimetatakse ka seljatükiks), lõigatud umbes 1 cm paksuseks

2 keskmist pastinaaki, kooritud

1 suur bataat, kooritud

1 keskmine naeris, kooritud

1 või 2 šalottsibulat, peeneks hakitud

2 küüslauguküünt, hakitud

1 spl hakitud värsket tüümiani

1. Segage väikeses kausis 1 spl õli, mädarõigas, apelsinikoor, köömned ja ¼ tl pipart. Määri segu praadidele; katke ja laske 15 minutit toatemperatuuril seista.

2. Vahepeal haki räsi jaoks pastinaak, bataat ja kaalikas, kasutades kastriivi või purustaja teraga köögikombaini. Asetage hakitud köögiviljad suurde kaussi; Lisa šalottsibul(id). Segage väikeses kausis ülejäänud 2 supilusikatäit õli, ülejäänud ¼ tl pipart, küüslauku ja tüümian. nirista köögiviljadele; sega korralikult läbi. Voldi 36 × 18 tolline raske fooliumitükk pooleks, et luua kahekordse paksusega 18 × 18 tolline foolium. Asetage köögiviljasegu fooliumi keskele. Kinnitage vastassuunalised fooliumiservad ja sulgege topeltvoldiga. Pöörake ülejäänud servad ümber, et köögiviljad täielikult katta, jättes ruumi aurule.

3. Söe- või gaasigrilli jaoks asetage praed ja fooliumipakid otse küpsetusrestile keskmisel-kõrgel kuumusel. Katke praed ja grillige 10–12 minutit keskmisel kuumusel (145 °F) või 12–15 minutit keskmisel kuumusel (160 °F). Pöörake üks kord poole küpsetamise ajal. Grilli pakki 10–15 minutit või kuni köögiviljad on pehmed. Laske praadidel 5 minutit seista, kuni köögiviljad valmivad. Jaga taimne räsi nelja serveerimistaldriku vahel; Kõige peale tõsta praed.

AASIA VEISE- JA KÖÖGIVILJAPRAAD

ETTEVALMISTUS:Küpseta 30 minutit: Tee 15 minutit: 4 portsjonit

FIVE SPICE POWDER ON SOOLAVABA VÜRTSISEGUKASUTATAKSE LAIALDASELT HIINA KÖÖGIS. SELLE VALMISTAMISEKS KASUTATAKSE VÕRDSETES OSADES JAHVATATUD KANEELI, NELKI, APTEEGITILLI SEEMNEID, TÄHTANIISI JA SZECHWANI PIPRATERA.

1½ naela kondita veise sisefilee või ümmargune praad ilma veiselihata, 1 tolli paksusteks viiludeks

1½ tl viie vürtsi pulbrit

3 supilusikatäit rafineeritud kookosõli

1 väike punane sibul, lõigatud õhukesteks viiludeks

1 väike hunnik sparglit (umbes 12 untsi), kärbitud ja lõigatud 3-tollisteks tükkideks

1½ tassi oranži ja/või kollast porgandit, julieneeritud

4 küüslauguküünt, hakitud

1 tl peeneks hakitud apelsinikoort

¼ tassi värsket apelsinimahla

¼ tassi veiseliha puljongit (vtretsept) või veiselihapuljongit ilma soola lisamata

¼ tassi valget äädikat

¼ kuni ½ tl purustatud punast pipart

8 tassi jämedalt hakitud Napa kapsast

½ tassi soolamata viilutatud mandleid või soolamata india pähkleid, jämedalt hakitud, röstitud (vt näpunäidet lk 57)

1. Soovi korral külmuta veiseliha hõlpsamaks viilutamiseks osaliselt (umbes 20 minutit). Lõika veiseliha väga õhukesteks viiludeks. Segage suures kausis veiseliha ja viis vürtsipulber. Kuumuta suures wok-pannil või eriti suurel pannil 1 spl kookosõli keskmisel-kõrgel kuumusel. Lisa pool veiselihast; küpseta ja sega 3–5 minutit või kuni pruunistumiseni. Asetage veiseliha kaussi. Korrake ülejäänud veiseliha ja veel 1 spl õliga. Lisa veiseliha kaussi koos teise keedetud veiselihaga.

2. Lisage samasse vokkisse ülejäänud 1 spl õli. lisada sibul; keetke ja segage 3 minutit. Lisa spargel ja porgand; küpseta ja sega 2–3 minutit või kuni köögiviljad on krõbedad pehmed. Lisa küüslauk; küpseta ja sega veel 1 minut.

3. Kastme jaoks sega väikeses kausis apelsinikoor, apelsinimahl, veiselihapuljong, äädikas ja purustatud punane pipar. Lisa kaste ja kogu veiseliha koos mahlaga kausis vokk-pannil köögiviljadele. Küpseta ja sega 1 kuni 2 minutit või kuni see on läbi kuumutatud. Lisa lusika abil suurde kaussi veiseköögiviljad. Katke soojas hoidmiseks.

4. Keeda kastet kaaneta keskmisel-kõrgel kuumusel 2 minutit. Lisa kapsas; küpseta ja sega 1–2 minutit või kuni kapsas on lihtsalt närbunud. Jaga kapsas ja kõik keedumahlad nelja serveerimistaldriku peale. Tõsta peale ühtlaselt veiselihasegu. Puista üle pähklitega.

SEEDRIFILEED AASIA SLATHERI JA SLAWIGA

LEOTAMINE:1 tund Valmistamine: 40 minutit Grill: 13 minutit Seis: 10 minutit Valmistamine: 4 portsjonit.

NAPA KAPSAST NIMETATAKSE MÕNIKORD HIINA KAPSAKS.SELLEL ON KAUNID KREEMIKAD LEHED ERKKOLLAKASROHELISTE OTSTEGA. SELLEL ON ÕRN, MAHE MAITSE JA TEKSTUUR – VÄGA ERINEV ÜMARKAPSA VAHAJASTEST LEHTEDEST – JA POLE ÜLLATAV, ET SEE ON AASIA STIILIS ROOGADE PUHUL LOOMULIK.

1 suur seedrilaud

¼ untsi kuivatatud shiitake seeni

¼ tassi pähkliõli

2 tl hakitud värsket ingverit

2 tl purustatud punast pipart

1 tl purustatud Szechwani pipraterad

¼ tl viie vürtsi pulbrit

4 küüslauguküünt, hakitud

4 4–5 untsi veise sisefilee steiki, ¾ kuni 1 tolli paksusteks viiludeks

Aasia kapsasalat (vt retsept, allpool)

1. Pane grilllaud vette; kaaluda ja leotada vähemalt 1 tund.

2. Vahepeal vala Aasia slatheri jaoks väikeses kausis kuivatatud šiitake seentele keev vesi. Jätke 20 minutiks rehüdratsiooniks. Nõruta seened ja pane köögikombaini. Lisa kreeka pähkliõli, ingver, purustatud punane pipar, Szechuani pipraterad, viie maitseaine pulber ja küüslauk. Kata kaanega ja töötle,

14

kuni seened on lagunenud ja koostisosad segunenud. kõrvale panema.

3. Tühjendage grillplaat. Söegrilli jaoks asetage grilli perimeetri ümber keskmiselt kuumad söed. Asetage plank otse küpsetusrestile söe kohale. Katke ja grillige 3–5 minutit või kuni plank hakkab praksuma ja suitsema. Asetage praed otse küpsetusrestile söe kohale. Grilli 3 kuni 4 minutit või kuni see on küpsenud. Tõsta praed lauale, praetud küljed üleval. Asetage plank grilli keskele. Jagage Asian Slatherit praadide seas. Katke ja grillige 10–12 minutit või seni, kuni praadidele horisontaalselt sisestatud kiirloetav termomeeter näitab 130 °F. (Gaasigrillil eelkuumuta grill. Alanda kuumust keskmisele madalale. Asetage nõrutatud plank küpsetusrestile; katke ja grillige 3–5 minutit või kuni plank hakkab praksuma ja suitsema. Praed küpsevad 3– 4 minutit või kuni need asetatakse küpsetusrestile. Asetage praed lauale, röstitud küljed ülespoole. Seadistage grill kaudseks küpsetamiseks. Asetage steigiplaat väljalülitatud põleti kohale. Määri praadidele slather. Katke ja grillige 10–12 minutit või seni, kuni praadidele horisontaalselt sisestatud kiirloetav termomeeter näitab 130 °F.)

4. Eemaldage praed grillilt. Kata praed lõdvalt fooliumiga; Jätke 10 minutiks. Lõika praed ¼ tolli paksusteks viiludeks. Serveeri steiki Aasia kapsasalatiga.

Aasia coleslaw: viilutage suures kausis õhukeselt 1 keskmine Napa kapsas. 1 tass peeneks hakitud punast kapsast; 2 porgandit, kooritud ja lõigatud julienne'i ribadeks; 1 punane või kollane paprika, seemnetest ja väga õhukesteks viiludeks; 4 kevadist sibulat, õhukeselt viilutatud; 1 kuni 2 serrano tšillit, seemnetest puhastatud ja tükeldatud (vt vihje); 2 spl hakitud koriandrit; ja 2 spl hakitud piparmünti. Kastmeks sega köögikombainis või blenderis 3 spl värsket laimimahla, 1 sl riivitud värsket ingverit, 1 hakitud küüslauguküüs ja ⅛ tl viis vürtsi pulbrit. Kata ja sega ühtlaseks. Kui protsessor töötab, lisage järk-järgult ½ tassi pähkliõli ja segage ühtlaseks massiks. Lisa kastmele 1 õhukeseks viilutatud kevadine sibul. Puista peale kapsasalatit ja viska katteks.

PRAETUD TRI-TIP PIHVID LILLKAPSA PEPPERONATAGA

ETTEVALMISTUS:Küpseta 25 minutit: Tee 25 minutit: 2 portsjonit

PEPERONATA ON TRADITSIOONILISELT AEGLASELT RÖSTITUD RAGUPAPRIKA SIBULA, KÜÜSLAUGU JA ÜRTIDEGA. SEE KIIRHAUTATUD VERSIOON – LILLKAPSAGA SÜDAMLIKUMAKS MUUDETUD – TOIMIB NII HÕRGUTISE KUI KA LISANDINA.

2 4-6 untsi kolme otsaga praed, lõigatud ¾–1 tolli paksuseks

¾ tl musta pipart

2 spl ekstra neitsioliiviõli

2 punast ja/või kollast paprikat, seemnetest puhastatud ja viilutatud

1 šalottsibul, õhukeselt viilutatud

1 tl Vahemere vürtse (vtretsept)

2 tassi väikeseid lillkapsa õisikuid

2 spl palsamiäädikat

2 tl värsket tüümiani

1. Patsutage praed paberrätikutega kuivaks. Puista praed ¼ tl musta pipraga. Kuumuta suurel pannil 1 spl õli keskmisel-kõrgel kuumusel. Lisa pannile praed; Vähenda kuumust keskmisele. Küpseta praade keskmise harulduse (145 °F) jaoks 6–9 minutit, aegajalt keerates. (Kui liha pruunistub liiga kiiresti, vähenda kuumust.) Tõsta praed pannilt. Kata lõdvalt fooliumiga, et hoida soojas.

2. Peperonata jaoks lisa pannile ülejäänud 1 spl õli. Lisa paprika ja šalottsibul. Puista üle Vahemere vürtsiga. Küpseta keskmisel kuumusel umbes 5 minutit või kuni paprika on pehme, aeg-ajalt segades. Lisa lillkapsas, palsamiäädikas, tüümian ja ülejäänud ½ tl musta pipart. Katke ja küpseta 10–15 minutit või kuni lillkapsas on pehme, aeg-ajalt segades. Tõsta praed tagasi pannile. Vala pepperonata segu praadidele. Serveeri kohe.

LAMEDAD PRAED AU POIVRE SEENEKASTMEGA DIJONI KASTMEGA

ETTEVALMISTUS:Küpseta 15 minutit: Tee 20 minutit: 4 portsjonit

SEE PRANTSUSEST INSPIREERITUD PRAAD SEENEKASTMEGASAAB LAUALE VEIDI ENAM KUI 30 MINUTIGA – SEE TEEB SELLEST SUUREPÄRASE VALIKU KIIREKS NÄDALAÕHTUSÖÖGIKS.

PRAED
3 spl ekstra neitsioliiviõli
1 nael väikesed spargli odad, kärbitud
4 6-untsi rauast steiki (kondita);
2 supilusikatäit hakitud värsket rosmariini
1½ tl jahvatatud musta pipart

KASTE
8 untsi viilutatud värskeid seeni
2 küüslauguküünt, hakitud
½ tassi veiseliha puljongit (vtretsept)
¼ tassi kuiva valget veini
1 spl Dijoni stiilis sinepit (vtretsept)

1. Kuumuta suurel pannil 1 spl õli keskmisel-kõrgel kuumusel. Lisa spargel; Küpseta 8–10 minutit või kuni see on krõbe, keerates aeg-ajalt oda, et vältida kõrbemist. pane spargel taldrikule; Kata fooliumiga, et hoida soojas.

2. Puista praed rosmariini ja pipraga; hõõruge sõrmedega. Kuumutage samal pannil keskmisel-kõrgel kuumusel ülejäänud 2 spl õli. Lisa praed; Vähenda kuumust keskmisele. Küpseta keskmisel kuumusel (145 °F) 8–12 minutit, liha aeg-ajalt pöörates. (Kui liha pruunistub liiga kiiresti, vähenda kuumust.) Tõsta liha pannilt ja säilita tilgad. Kata praed lõdvalt fooliumiga, et need soojad püsiksid.

3. Kastme jaoks lisa pannil olevatele tilkadele seened ja küüslauk. küpseta aeg-ajalt segades pehmeks. Lisa puljong, vein ja Dijoni stiilis sinep. Küpseta keskmisel-kõrgel kuumusel, kraapides pruunistunud tükid panni põhjast ära. lase keema tõusta; Lase veel 1 minut keeda.

4. Jaga spargel nelja plaadi vahel. peal praed; Lusikaga kastet praadidele.

*Märkus. Kui te ei leia 6-untsiseid raudseid praade, ostke kaks 8–12-untsist pihvi ja lõigake need pooleks, et saada neli praed.

GRILLITUD RAUAST PRAED CHIPOTLE KARAMELLISEERITUD SIBULA JA SALSASALATIGA

ETTEVALMISTUS:Marineerida 30 minutit: küpsetada 2 tundi: jahutada 20 minutit: grillida 20 minutit: valmistada 45 minutit: 4 portsjonit

FLAT RAUAST PRAAD ON SUHTELISELT UUSLÕIKUS ARENES VÄLJA ALLES PAAR AASTAT TAGASI. LÕIKATUNA ABALUU LÄHEDAL ASUVAST MAITSEKAST JALALABAOSAST ON SEE ÜLLATAVALT ÕRN JA MAITSEB PALJU KALLIM KUI SEE ON – MIS TÕENÄOLISELT PÕHJUSTAB SELLE KIIRE POPULAARSUSE TÕUSU.

PRAED
⅓ tassi värsket laimimahla
¼ tassi ekstra neitsioliiviõli
¼ tassi jämedalt hakitud koriandrit
5 küüslauguküünt, hakitud
4 6-untsi rauast steiki (kondita õlg)

SALSA SALAT
1 seemneteta (inglise) kurk (soovi korral kooritud), kuubikuteks lõigatud
1 tass neljaks lõigatud viinamarjatomateid
½ tassi kuubikuteks lõigatud punast sibulat
½ tassi jämedalt hakitud koriandrit
1 poblano tšilli, seemnete ja kuubikutega (vtvihje)
1 jalapeño, seemnetest puhastatud ja tükeldatud (vtvihje)
3 spl värsket laimimahla
2 spl ekstra neitsioliiviõli

KARAMELLISEERITUD SIBUL

2 spl ekstra neitsioliiviõli

2 suurt magusat sibulat (nagu Maui, Vidalia, Texas Sweet või Walla Walla)

½ tl jahvatatud chipotle tšillipipart

1. Asetage praed praadide kaupa suletavasse kilekotti madalasse nõusse. kõrvale panema. Segage väikeses kausis laimimahl, õli, koriander ja küüslauk. Vala peale kotis olevad praed. pitsakott; katmiseks pöörake. Marineerige külmkapis 2 tundi.

2. Salati jaoks sega suures kausis kurk, tomatid, sibul, koriander, poblano ja jalapeño. Viska sobitama. Kastme valmistamiseks vispelda väikeses kausis laimimahl ja oliiviõli. nirista kastet köögiviljadele; viska mantlile. Kata ja hoia serveerimiseni külmkapis.

3. Sibulate jaoks eelsoojendage ahi temperatuurini 400 °F. Pintselda Hollandi ahju sisemust oliiviõliga. kõrvale panema. Lõika sibul pikuti pooleks, eemalda koor ja lõika siis risti ¼-tollisteks viiludeks. Segage Hollandi ahjus ülejäänud oliiviõli, sibul ja chipotle tšillipipar. Kata ja küpseta 20 minutit. Avage kaas ja laske jahtuda umbes 20 minutit.

4. Aseta jahtunud sibul fooliumist grillkotti või keera sibul topeltpaksusesse fooliumisse. Torka fooliumi pealmine osa mitmest kohast vardasse.

5. Söegrilli jaoks asetage ümber grilli perimeetri keskmiselt kuumad söed. Kontrollige, kas grilli keskkoha kohal on keskmine kuumus. Asetage pakk grillresti keskele. Katke ja grillige umbes 45 minutit või kuni sibul on

pehme ja merevaigukollane. (Gaasigrilli puhul eelsoojendage grill. Alandage kuumust keskmiselt madalale. Seadke kaudseks küpsetamiseks. Asetage pakk põleti peale. Katke ja grillige vastavalt juhistele.)

6. Eemalda praed marinaadist; Visake marinaad ära. Söe- või gaasigrilli jaoks asetage praed otse küpsetusrestile keskmisel-kõrgel kuumusel. Katke ja grillige 8–10 minutit või seni, kuni praadidele horisontaalselt sisestatud kiirloetav termomeeter näitab temperatuuri 135 °F ja pöörleb ühe korra. Asetage praed vaagnale, katke lõdvalt fooliumiga ja laske 10 minutit seista.

7. Serveerimiseks jaga salsasalat nelja serveerimistaldriku vahel. Aseta igale taldrikule praad ja tõsta peale kuhjaga karamelliseeritud sibulat. Serveeri kohe.

Valmistamisjuhised: Salsasalatit saab valmistada ja hoida külmkapis kuni 4 tundi enne serveerimist.

GRILLITUD RIBEYES ÜRDISIBULA JA KÜÜSLAUGUVÕIGA

ETTEVALMISTUS:Küpseta 10 minutit: külm 12 minutit: grill 30 minutit: valmista 11 minutit: 4 portsjonit

GRILLITUD PRAADIDE KUUMUS SULAB ÄRAKARAMELLISEERITUD SIBULA, KÜÜSLAUGU JA ÜRTIDE HUNNIKUD ON HÕLJUNUD KOOKOS- JA OLIIVIÕLI SOOLASES SEGUS.

2 spl rafineerimata kookosõli

1 väike sibul, poolitatud ja viilutatud väga õhukesteks ribadeks (umbes ¾ tassi)

1 küüslauguküüs, väga õhukeseks viilutatud

2 spl ekstra neitsioliiviõli

1 spl hakitud värsket peterselli

2 tl hakitud värsket tüümiani, rosmariini ja/või pune

4 8–10-untsi veiseliha ribeye steiki, lõigatud 1 tolli paksuseks

½ tl värskelt jahvatatud musta pipart

1. Sulata keskmise suurusega pannil madalal kuumusel kookosõli. lisada sibul; Küpseta 10–15 minutit või kuni see on kergelt pruunistunud, aeg-ajalt segades. Lisa küüslauk; Küpseta veel 2–3 minutit või kuni sibul on kuldpruun, aeg-ajalt segades.

2. Aseta sibulasegu väikesesse kaussi. Sega juurde oliiviõli, petersell ja tüümian. Jahutage ilma kaaneta külmkapis 30 minutit või kuni segu on piisavalt hangunud, et moodustuks vahukul, aeg-ajalt segades.

3. Vahepeal puista praed pipraga. Söe- või gaasigrilli jaoks asetage praed otse küpsetusrestile keskmisel-kõrgel kuumusel. Katke ja grillige 11–15 minutit keskmisel harval (145 °F) või 14–18 minutit keskmisel (160 °F). Keerake üks kord poole küpsetamise ajal.

4. Serveerimiseks aseta iga praad serveerimistaldrikule. Laota sibulasegu kohe ühtlaselt praadidele.

RIBEYE SALAT GRILLPEEDIGA

ETTEVALMISTUS:20 minutit Grill: 55 minutit seista: 5 minutit
valmistab: 4 portsjonit

PEEDI MAALÄHEDANE MAITSE PAARITUB
KAUNILTAPELSINIDE MAGUSUSEGA – JA RÖSTITUD
PEKANIPÄHKLID LISAVAD SELLELE PEAROA SALATILE VEIDI
KRÕMPSU, MIS SOBIB IDEAALSELT SOOJAL SUVEÕHTUL
VABAS ÕHUS EINESTAMISEKS.

1 nael keskmist kuldset ja/või punast peeti, kooritud,
kärbitud ja viiludeks lõigatud

1 väike sibul, lõigatud õhukesteks viiludeks

2 oksa värsket tüümiani

1 spl ekstra neitsioliiviõli

Purustatud must pipar

2 8-untsi kondita veiseliha ribeye pihvi, lõigatud ¾ tolli
paksuseks

2 küüslauguküünt, poolitatud

2 spl Vahemere vürtse (vtretsept)

6 tassi segatud rohelisi

2 apelsini, kooritud, tükeldatud ja jämedalt tükeldatud

½ tassi hakitud pekanipähklit, röstitud (vtvihje)

½ tassi Bright Citrus Vinaigrette (vtretsept)

1. Aseta fooliumpannile peet, sibul ja tüümianioksad. Nirista
õliga ja sega; puista kergelt jahvatatud musta pipraga.
Söe- või gaasigrilli jaoks asetage pann küpsetusresti
keskele. Kata kaanega ja grilli 55–60 minutit või kuni
pehme, kui see on noaga läbi torgatud, aeg-ajalt
segades.

2. Vahepeal hõõru steigid mõlemalt poolt hakitud küüslauguvartega. Puista üle Vahemere vürtsiga.

3. Liigutage peet grilli keskelt, et teha ruumi praadidele. Lisage praed grillimiseks otse keskmisel kuumusel. Katke ja grillige 11–15 minutit keskmisel harval (145 °F) või 14–18 minutit keskmisel (160 °F). Keerake üks kord poole küpsetamise ajal. Eemalda fooliumpann ja praed grillilt. Lase praadidel 5 minutit seista. Viska fooliumpannilt välja tüümianioksad.

4. Lõika praad diagonaalselt suupistesuurusteks tükkideks. Jaga köögiviljad nelja serveerimistaldriku vahel. Kõige peale tõsta viilutatud praad, peet, sibulaviilud, hakitud apelsinid ja pekanipähklid. Nirista peale Bright Citrus Vinegrette.

KOREA STIILIS LÜHIKESED RIBID PRAETUD INGVERKAPSAGA

ETTEVALMISTUS:Keeda 50 minutit: küpseta 25 minutit: külmas 10 tundi: üleöö teeb: 4 portsjonit

VEENDUGE, ET TEIE HOLLANDI AHJUL OLEKS KAASISTUB VÄGA TIHEDALT, ET KEEDUVEDELIK VÄGA PIKA KEEDUAJA JOOKSUL LÄBI KAANE JA POTI VAHELISE PILU EI AURUSTUKS.

1 unts kuivatatud shiitake seeni

1½ tassi hakitud kevadsibulat

1 Aasia pirn, kooritud, puhastatud südamikust ja tükeldatud

1 3-tolline tükk värsket ingverit, kooritud ja tükeldatud

1 serrano tšillipipar, peeneks hakitud (soovi korral seemnetest eemaldatud) (vtvihje)

5 küüslauguküünt

1 spl rafineeritud kookosõli

5 naela kondiga ja kondiga ribisid

Värskelt jahvatatud must pipar

4 tassi veiselihapuljongit (vtretsept) või veiselihapuljongit ilma soola lisamata

2 tassi viilutatud värskeid shiitake seeni

1 spl peeneks hakitud apelsinikoort

⅓ tassi värsket mahla

Hautatud ingverkapsas (vtretsept, allpool)

Peeneks hakitud apelsinikoor (valikuline)

1. Kuumuta ahi temperatuurini 325 °F. Aseta kuivatatud shiitake seened väikesesse kaussi; lisa nii palju keevat vett, et see kataks. Laske seista 30 minutit või kuni see on rehüdreeritud ja pehme. Nõruta ja jäta leotusvedelik alles. Haki seened peeneks. Asetage seened väikesesse

kaussi; katke ja jahutage, kuni toimingus 4 on vaja. Tõsta seened ja vedelik kõrvale.

2. Kastme jaoks sega köögikombainis kokku sibulad, aasia pirn, ingver, serrano, küüslauk ja reserveeritud seente leotusvedelik. Kata ja sega ühtlaseks. Tõsta kaste kõrvale.

3. Kuumuta 6-liitrises ahjus kookosõli keskmisel-kõrgel kuumusel. Puista lühikesed ribid värskelt jahvatatud musta pipraga. Küpseta ribisid partiidena kuumas kookosõlis umbes 10 minutit või kuni need on igast küljest hästi pruunistunud, keerates poole küpsetamise ajal ümber. Pane kõik ribid tagasi potti. Lisa kaste ja veiselihapuljong. Katke Hollandi ahi tihedalt suletava kaanega. Küpseta umbes 10 tundi või kuni liha on väga pehme ja kukub luu küljest lahti.

4. Eemalda kastmest ettevaatlikult ribid. Asetage ribid ja kaste eraldi anumatesse. Kata ja pane üleöö külmkappi. Kui see on külm, koorige ja visake rasv kastme pinnalt ära. Kuumuta kaste kõrgel kuumusel keema. Lisage 1. etapist saadud hüdreeritud seened ja värsked seened. Hauta tasasel tulel 10 minutit, et kaste väheneks ja maitsed intensiivistuksid. vii ribid kastmesse; hauta kuni läbikuumenemiseni. Segage 1 spl apelsinikoort ja apelsinimahla. Serveeri koos praetud ingveri kaeltega. Soovi korral puista peale veel apelsinikoort.

Praetud ingverikapsas: kuumutage suurel pannil 1 spl rafineeritud kookosõli keskmisel-kõrgel kuumusel. Lisa 2 supilusikatäit hakitud värsket ingverit; 2 küüslauguküünt, hakitud; ja maitse järgi purustatud punast pipart. Küpseta ja sega, kuni see lõhnab, umbes 30 sekundit. Lisage 6 tassi hakitud napat, savoia kapsast või lehtkapsast ja 1 Aasia pirn, kooritud, puhastatud südamikust ja õhukesteks viiludeks. Keeda segades 3 minutit, kuni kapsas veidi närbub ja pirn pehmeneb. Segage ½ tassi magustamata õunamahla. Katke ja küpseta, kuni kapsas on pehme, umbes 2 minutit. Segage ½ tassi hakitud sibulat ja 1 spl seesamiseemneid.

VEISELIHA LÜHIKESED RIBID TSITRUSELISTE APTEEGITILLI GREMOLATAGA

ETTEVALMISTUS:40 minutit grillimist: 8 minutit aeglast küpsetamist: 9 tundi (madal) või 4½ tundi (kõrge) saagikus: 4 portsjonit

GREMOLATA ON MAITSEV SEGUVALMISTATUD PETERSELLIST, KÜÜSLAUGUST JA SIDRUNIKOOREST, MIS ON PUISTATUD OSSO BUCCOLE – KLASSIKALISELE ITAALIA ROOGILE HAUTATUD VASIKAVARREDEST –, ET MUUTA SELLE RIKKALIK JA PEHME MAITSE HELEDAMAKS. APELSINIKOORE JA VÄRSKETE SULELISTE APTEEGITILLI LEHTEDEGA TEEB SEE SAMA NENDE PEHMETE LÜHIKESTE VEISELIHARIBIDE PUHUL.

RIBID
    2½ kuni 3 naela kondiga ja kondiga ribid
    3 spl sidrunimaitseainet (vtretsept)
    1 keskmise suurusega apteegitilli sibul
    1 suur sibul, lõigatud suurteks tükkideks
    2 tassi veiselihapuljongit (vtretsept) või veiselihapuljongit ilma soola lisamata
    2 küüslauguküünt, poolitatud

RÖSTITUD KÕRVITS
    3 spl ekstra neitsioliiviõli
    1 nael kõrvitsat, kooritud, seemnetest puhastatud ja ½-tollisteks tükkideks lõigatud (umbes 2 tassi)
    4 teelusikatäit värsket tüümiani
    Ekstra neitsioliiviõli

GREMOLATA

¼ tassi hakitud värsket peterselli

2 spl hakitud küüslauku

1½ tl peeneks riivitud sidrunikoort

1½ tl peeneks riivitud apelsinikoort

1. Puista lühikestele ribidele sidruniürtidega maitseaineid; Hõõru sõrmedega kergelt liha sisse. kõrvale panema. Eemaldage apteegitillilt lehed; kõrvale gremolata tsitruseliste apteegitilli jaoks. Lõika ja veerandi apteegitilli sibul.

2. Söegrilli jaoks aseta grilli ühele küljele keskmiselt kuumad söed. Kontrollige, kas grilli söevaba külje kohal on keskmine kuumus. Asetage lühikesed ribid küpsetusrestile mittesöepoolsele küljele; Asetage apteegitilli- ja sibulaviilud otse restile söe kohale. Katke ja grillige 8–10 minutit või kuni köögiviljad ja ribid on pruunistunud. Keerake üks kord poole küpsetamise ajal. (Gaasigrilli puhul soojendage grilli, vähendage kuumust keskmisele tasemele. Seadke kaudseks küpsetamiseks. Asetage ribid küpsetusrestile põleti kohal. Asetage apteegitill ja sibul põleti kohal olevale restile. Katke ja grillige vastavalt juhistele.) Kui see on piisavalt jahe , haki fenkol ja sibul jämedalt.

3. Sega 5–6-liitrises aeglases pliidis hakitud apteegitill ja sibul, veiselihapuljong ja küüslauk. lisa ribid. Katke ja küpseta madalal kuumusel 9–10 tundi või kõrgel kuumusel 4,5–5 tundi. Tõsta ribid lusika abil vaagnale. Kata fooliumiga, et hoida soojas.

4. Samal ajal kuumuta squashi jaoks suurel pannil 3 spl õli keskmisel-kõrgel kuumusel. Lisa squash ja 3 tl tüümiani ning sega kõrvitsa katteks. Laota kõrvits ühe kihina pannile ja küpseta segamata umbes 3 minutit või kuni alumised küljed on pruunid. Pöörake kõrvitsatükid ümber; küpseta veel umbes 3 minutit või kuni teised küljed on pruunid. vähendage kuumust madalaks; katke ja küpseta 10 kuni 15 minutit või kuni pehme. Puista peale 1 tl värsket tüümiani. Nirista peale ekstra neitsioliiviõli.

5. Haki peeneks piisavalt gremolata jaoks reserveeritud apteegitilli lehti, et saada ¼ tassi. Segage väikeses kausis tükeldatud apteegitilli lehed, petersell, küüslauk, sidrunikoor ja apelsinikoor.

6. Puista ribidele gremolata. Serveeri kõrvitsaga.

ROOTSI STIILIS VEISELIHAPIHVID SINEPI TILLI KURGI SALATIGA

ETTEVALMISTUS:Küpseta 30 minutit: Tee 15 minutit: 4 portsjonit

BEEF À LA LINDSTROM ON ROOTSI HAMBURGERSELLELE LISATAKSE TRADITSIOONILISELT SIBULAT, KAPPARIT JA MARINEERITUD KAALIKAT, MIDA SERVEERITAKSE KASTMEGA JA ILMA KUKLITA. SEE VÜRTSIDEGA RIKASTATUD VERSIOON ASENDAB SOOLASED MARINEERITUD PEEDID JA KAPPARID RÖSTITUD PEEDIGA NING ON KAETUD PRAEMUNAGA.

KURGI SALAT
  2 tl värsket apelsinimahla
  2 tl valge veini äädikat
  1 tl Dijoni stiilis sinepit (vtretsept)
  1 spl ekstra neitsioliiviõli
  1 suur seemneteta (inglise) kurk, kooritud ja viilutatud
  2 spl viilutatud kevadsibulat
  1 spl hakitud värsket tilli

VEISELIHAKOTLETID
  1 nael veisehakkliha
  ¼ tassi peeneks hakitud sibulat
  1 spl Dijoni stiilis sinepit (vtretsept)
  ¾ tl musta pipart
  ½ tl jahvatatud pipart
  ½ väikest naeris, röstitud, kooritud ja peeneks tükeldatud *

2 spl ekstra neitsioliiviõli

½ tassi veiseliha puljongit (vtretsept) või veiselihapuljongit ilma soola lisamata

4 suurt muna

1 spl peeneks hakitud murulauku

1. Kurgisalati jaoks klopi suures kausis kokku apelsinimahl, äädikas ja Dijoni sinep. Lisa aeglaselt peenikese joana oliiviõli, vahustades, kuni kaste veidi pakseneb. Lisa kurk, roheline sibul ja till; viska kuni kombineerimiseni. Kata ja hoia serveerimiseni külmkapis.

2. Veiselihakotlettide jaoks sega suures kausis veisehakkliha, sibul, Dijoni stiilis sinep, pipar ja piment. Lisa röstitud peet ja sega õrnalt, kuni see on ühtlaselt lihaga segunenud. Vormige segust neli ½ tolli paksust pätsi.

3. Kuumuta suurel pannil 1 spl oliiviõli keskmisel-kõrgel kuumusel. Prae pätsikesi (160°) umbes 8 minutit või kuni need on väljast pruunid ja läbiküpsenud, keerates üks kord. Tõsta pätsikesed taldrikule ja kata lõdvalt fooliumiga, et hoida soojas. Lisa veiselihapuljong ja sega pruunistunud tükkide eemaldamiseks panni põhjast. Küpseta umbes 4 minutit või kuni see on pooleks lõigatud. Nirista kotletid vähendatud pannimahlaga ja kata uuesti lõdvalt.

4. Loputage pann ja pühkige paberrätikuga. Kuumuta ülejäänud 1 spl oliiviõli keskmisel-kõrgel kuumusel. Prae mune kuumas õlis 3–4 minutit või kuni valged on küpsed, kuid munakollased jäävad pehmeks ja vedelaks.

5. Aseta igale veiselihakotletile üks muna. Puista peale murulauk ja serveeri kurgisalatiga.

*Nõuanne: peedi röstimiseks hõõru korralikult läbi ja aseta alumiiniumfooliumitükile. Nirista peale veidi oliiviõli. Mähi fooliumisse ja sule tihedalt. Rösti 375-kraadises ahjus umbes 30 minutit või seni, kuni kahvel peedi kergesti läbi torkab. Laske jahtuda; Tõmmake nahk maha. (Peete võib röstida kuni 3 päeva ette. Keera kooritud röstitud peet tihedalt mässi ja pane külmkappi.)

LÄMMUTATUD VEISELIHABURGERID RUKOLAL RÖSTITUD JUURVILJADEGA

ETTEVALMISTUS:Keeda 40 minutit: Prae 35 minutit: Tee 20 minutit: 4 portsjonit

ELEMENTE ON PALJUMIS PUUDUTAB NEID RAMMUSAID BURGEREID – JA NENDE KOKKUPANEMINE VÕTAB VEIDI AEGA –, KUID USKUMATU MAITSETE KOMBINATSIOON MUUDAB SELLE PINGUTUST VÄÄRT: LIHANE BURGER ON KAETUD KARAMELLISEERITUD SIBULA JA SEENEKASTMEGA NING SERVEERITAKSE MAGUSATE RÖSTITUD KÖÖGIVILJADE JA KÖÖGIVILJADEGA. PIPRAGA RUKOLA.

5 spl ekstra neitsioliiviõli

2 tassi viilutatud värskeid nööbikeseeni, cremini ja/või shiitake

3 kollast sibulat, õhukeselt viilutatud*

2 tl köömneid

3 porgandit, kooritud ja lõigatud 1-tollisteks tükkideks

2 pastinaaki, kooritud ja lõigatud 1-tollisteks tükkideks

1 tammetõru kõrvits, poolitatud, seemnetest puhastatud ja viiludeks lõigatud

Värskelt jahvatatud must pipar

2 naela veisehakkliha

½ tassi peeneks hakitud sibulat

1 supilusikatäis universaalset soolavaba maitseainesegu

2 tassi veiselihapuljongit (vtretsept) või veiselihapuljongit ilma soola lisamata

¼ tassi magustamata õunamahla

1 kuni 2 supilusikatäit kuiva šerri või valge veini äädikat

1 spl Dijoni stiilis sinepit (vt<u>retsept</u>)

1 spl hakitud värskeid tüümiani lehti

1 spl hakitud värskeid peterselli lehti

8 tassi rukola lehti

1. Kuumuta ahi temperatuurini 425 °F. Kastme jaoks kuumuta suurel pannil keskmisel-kõrgel kuumusel 1 spl oliiviõli. lisada seened; küpseta ja sega umbes 8 minutit või kuni see on hästi pruunistunud ja pehme. Tõsta seened lusika abil taldrikule. Asetage pann tagasi põletile. Vähenda kuumust keskmisele. Lisa ülejäänud 1 spl oliiviõli, hakitud sibul ja köömned. Katke ja küpseta 20–25 minutit või kuni sibul on väga pehme ja rikkalikult pruunistunud, aeg-ajalt segades. (Sibulate põletamise vältimiseks reguleerige kuumust vastavalt vajadusele.)

2. Röstitud juurviljade jaoks asetage porgand, pastinaak ja kõrvits suurele ahjuplaadile. Nirista peale 2 spl oliiviõli ja soovi korral puista peale pipart. viska köögiviljade katteks. Röstige 20–25 minutit või kuni see on pehme ja hakkab pruunistuma, keerates poole röstimise ajal ümber. Hoidke köögivilju kuni serveerimiseni soojas.

3. Burgerite jaoks sega suures kausis veisehakkliha, peeneks hakitud sibul ja maitseainesegu. Jagage lihasegu neljaks võrdseks osaks ja vormige umbes 1/2 tolli paksused pätsikesed. Kuumuta eriti suurel pannil keskmisel-kõrgel kuumusel ülejäänud 1 spl oliiviõli. Lisa pannile burgerid; küpseta umbes 8 minutit või kuni see on mõlemalt poolt pruunistunud, keerates üks kord. Aseta burgerid taldrikule.

4. Lisa pannile karamelliseeritud sibul, reserveeritud seened, veiselihapuljong, õunamahl, šerri ja Dijoni stiilis sinep ning sega läbi. Tõsta burgerid pannile tagasi. Kuumuta keemiseni. Küpseta, kuni burgerid on valmis (160 °F), umbes 7–8 minutit. Segage maitse järgi värsket tüümiani, peterselli ja pipart.

5. Serveerimiseks asetage igale neljale taldrikule 2 tassi rukolat. Jaga röstitud köögiviljad salatite vahel ja tõsta peale burgereid. Laota sibulasegu rikkalikult burgerite peale.

*Nõuanne: Sibula õhukeseks viilutamisel on suureks abiks mandoliinilõikur.

GRILLITUD VEISELIHABURGERID SEESAMIKOOREGA TOMATITEGA

ETTEVALMISTUS:30 minutit seista: 20 minutit grilli: 10 minutit teeb: 4 portsjonit

KRÕMPSUVAD KULDPRUUNID SEESAMIKOORIKUGA TOMATIVIILUDNENDES SUITSUSTES BURGERITES VÕITE SEISTA TRADITSIOONILISE SEESAMIKUKLI EEST. SERVEERI NOA JA KAHVLIGA.

4 ½ tolli paksud punased või rohelised tomativiilud*

1¼ naela lahja veiseliha

1 spl suitsumaitseainet (vtretsept)

1 suur muna

¾ tassi mandlijahu

¼ tassi seesami

¼ tl musta pipart

1 väike punane sibul, poolitatud ja viilutatud

1 spl ekstra neitsioliiviõli

¼ tassi rafineeritud kookosõli

1 väike pea salatit Bibb

Paleoketšup (vtretsept)

Dijoni stiilis sinep (vtretsept)

1. Aseta tomativiilud kahekordsele paberrätikule. Katke tomatid veel ühe kahekordse paberrätikuga. Vajutage paberrätikud kergelt, et need tomatite külge kleepuks. Laske 20–30 minutit toatemperatuuril seista, et osa tomatimahlast imenduks.

2. Sega suures kausis veisehakkliha ja suitsumaitseaine. Vormi neljaks ½ tolli paksuseks pätsiks.

3. Klopi madalas kausis muna kahvliga kergelt lahti. Teises madalas kausis sega kokku mandlijahu, seesamiseemned ja pipar. Kasta iga tomativiil muna sisse ja keera peale. Nõruta üleliigne muna. Kasta iga tomativiil mandlijahusegusse ja keera katteks. Asetage kaetud tomatid tasasele taldrikule; kõrvale panema. Sega sibulaviilud oliiviõliga; Aseta sibulaviilud grillkorvi.

4. Söe- või gaasigrilli jaoks asetage sibulad korvi ja asetage veiselihakotletid grillrestile keskmisel-kõrgel kuumusel. Katke ja grillige 10–12 minutit või sibulad on kuldpruunid ja kergelt söestunud ning pätsikesed on valmis (160°), sibulat aeg-ajalt segades ja pätsikesi korra keerates.

5. Samal ajal kuumuta suurel pannil keskmisel-kõrgel kuumusel õli. Lisa tomativiilud; Küpseta 8–10 minutit või kuni kuldpruunini, keerates üks kord. (Kui tomatid pruunistuvad liiga kiiresti, alanda kuumust keskmisele madalale. Vajadusel lisa õli.) Nõruta paberrätikuga vooderdatud taldrikul.

6. Serveerimiseks jaga salat nelja serveerimistaldriku vahel. Kõige peale lisa pätsikesed, sibul, Paleo ketšup, Dijoni stiilis sinep ja seesamikoorega tomatid.

*Märkus: tõenäoliselt vajate 2 suurt tomatit. Kui kasutate punaseid tomateid, valige ainult küpsed, kuid siiski veidi tugevad tomatid.

BURGER PULGA PEAL BABA GHANOUSHI DIPIKASTMEGA

LEOTAMINE:15 minutit ettevalmistus: 20 minutit grill: 35 minutit valmistab: 4 portsjonit

BABA GHANOUSH ON LÄHIS-IDA LEVIKVALMISTATUD SUITSUSEST GRILLITUD BAKLAŽAANIST, PÜREESTATUD OLIIVIÕLI, SIDRUNI, KÜÜSLAUGU JA TAHIINIGA, JAHVATATUD SEESAMISEEMNETE PASTA. SEESAMI PUISTAD ON HEAD, KUID KUI NEIST VALMISTATAKSE ÕLI VÕI PASTA, MUUTUVAD NEED KONTSENTREERITUD LINOOLHAPPE ALLIKAKS, MIS VÕIB SOODUSTADA PÕLETIKKU. SIIN KASUTATAV PIINIAPÄHKLIVÕI ON HEA ASENDUSAINE.

4 kuivatatud tomatit

1½ naela lahja veiseliha

3 kuni 4 supilusikatäit peeneks hakitud sibulat

1 supilusikatäis peeneks hakitud värsket pune ja/või peeneks hakitud värsket piparmünti või ½ tl kuivatatud pune, hakitud

¼ tl Cayenne'i pipart

Baba Ghanoush Dip (vaata)retsept, allpool)

1. Leota kaheksat 10-tollist puidust varrast 30 minutit vees. Väikeses kausis valage tomatid keeva veega; Jätke 5 minutiks rehüdratsiooniks. Nõruta tomatid ja kuivata paberrätikutega.

2. Segage suures kausis tükeldatud tomatid, veisehakkliha, sibul, pune ja Cayenne'i pipar. Jaga lihasegu kaheksaks portsjoniks; Rullige iga osa palliks. Tõsta vardad veest välja. kuivatada. Keerake pall vardasse ja vormige see ümber vardasse pikaks ovaalseks. Alustage terava otsa

44

alt, jättes teise otsa piisavalt ruumi pulga hoidmiseks. Korrake ülejäänud varraste ja pallidega.

3. Söe- või gaasigrilli jaoks asetage veiselihavardad keskmisel-kõrgel kuumusel otse küpsetusrestile. Katke ja grillige umbes 6 minutit või kuni see on valmis (160 ° F). Serveeri baba ghanoush dipikastmega.

Baba Ghanoushi dipikaste: torgake kahvliga mitmest kohast 2 keskmist baklažaani. Söe- või gaasigrilli jaoks asetage baklažaan otse küpsetusrestile keskmisel-kõrgel kuumusel. Katke ja grillige 10 minutit või kuni see on igast küljest söestunud. Pöörake grillimise ajal mitu korda. Eemaldage baklažaanid ja keerake need ettevaatlikult fooliumisse. Asetage pakitud baklažaanid tagasi küpsetusrestile, kuid mitte otse söe kohale. Katke ja grillige veel 25–35 minutit või kuni see on kokku kukkunud ja väga pehme. Lahe. Poolita baklažaanid ja kraabi viljaliha välja; Aseta liha köögikombaini. Lisa ¼ tassi piiniapähklivõid (vt retsept); ¼ tassi värsket sidrunimahla; 2 küüslauguküünt, hakitud; 1 spl ekstra neitsioliiviõli; 2 kuni 3 supilusikatäit hakitud värsket peterselli; ja ½ tl jahvatatud köömneid. Kata ja töötle peaaegu ühtlaseks. Kui kaste on kastmiseks liiga paks, segage soovitud konsistentsi saavutamiseks piisavalt vett.

SUITSUNE TÄIDISEGA PAPRIKA

ETTEVALMISTUS:Küpseta 20 minutit: küpseta 8 minutit: valmista 30 minutit: 4 portsjonit

MUUTKE SEE PERE LEMMIKUKSVÄRVILISTE PAPRIKATE SEGUGA, ET SAADA PILKUPÜÜDEV ROOG. TULES RÖSTITUD TOMATID ON HEA NÄIDE SELLEST, KUIDAS TERVISLIKULT TOIDULE HEAD MAITSET LISADA. TOMATITE SÖESTAMINE ENNE KONSERVEERIMIST (ILMA SOOLATA) SUURENDAB NENDE MAITSET.

4 suurt rohelist, punast, kollast ja/või oranži paprikat

1 nael veisehakkliha

1 spl suitsumaitseainet (vtretsept)

1 spl ekstra neitsioliiviõli

1 väike kollane sibul, hakitud

3 küüslauguküünt, hakitud

1 väike lillkapsas, südamikust puhastatud ja õisikuteks purustatud

1 15-untsi purk soolamata kuubikuteks röstitud tomateid, nõrutatud

¼ tassi peeneks hakitud värsket peterselli

½ tl musta pipart

⅛ tl cayenne'i pipart

½ tassi pähklipuru katet (vtretsept, allpool)

1. Kuumuta ahi temperatuurini 375 °F. Poolita paprika vertikaalselt. Eemaldage varred, seemned ja membraanid. ära visata. Tõsta paprikapoolikud kõrvale.

2. Asetage veisehakkliha keskmisesse kaussi; Puista peale suitsumaitseainet. Sega maitseaine kätega õrnalt liha sisse.

3. Kuumuta suurel pannil keskmisel-kõrgel kuumusel oliiviõli. Lisa liha, sibul ja küüslauk; küpseta, kuni liha on pruun ja sibul pehme, sega puulusikaga, et liha purustada. Tõsta pann pliidilt.

4. Töötle köögikombainis lillkapsaõisikud väga peeneks hakitud. (Kui sul köögikombaini pole, riivi lillkapsas karpi riivile.) Mõõda välja 3 tassi lillkapsast. Lisa pannil hakklihasegule. (Kui teil on lillkapsast üle jäänud, jätke see muuks otstarbeks.) Segage kurnatud tomatid, petersell, must pipar ja Cayenne.

5. Täida paprikapoolikud veisehakklihaseguga, pakenda kergelt ja kuhja kergelt. Aseta täidetud paprikapoolikud pajavormi. Küpseta 30–35 minutit või kuni paprika on krõbe ja pehme. * Kõige peale pähklipuru. Soovi korral pane enne serveerimist 5 minutiks tagasi ahju, et saada krõbedaks kate.

Kreeka pähklipuru kate: kuumutage keskmisel pannil 1 spl ekstra neitsioliiviõli keskmisel-kõrgel kuumusel. Segage 1 tl kuivatatud tüümiani, 1 tl suitsutatud paprikat ja ¼ tl küüslaugupulbrit. Lisa 1 tass väga peeneks hakitud kreeka pähkleid. Küpseta ja sega umbes 5 minutit või kuni kreeka pähklid on kuldpruunid ja kergelt röstitud. Segage näputäis või kaks Cayenne'i pipart. Lase täielikult jahtuda. Säilitage ülejääke kuni kasutamiseni külmkapis tihedalt suletud anumas. Teeb 1 tassi.

*Märkus: kui kasutate rohelist paprikat, küpsetage veel 10 minutit.

BISON BURGER CABERNET SIBULA JA RUKOLAGA

ETTEVALMISTUS:30 minutit küpsetamist: 18 minutit grillimist: 10 minutit küpsetamist: 4 portsjonit

PIISONIL ON VÄGA MADAL RASVASISALDUSJA KÜPSEB 30–50% KIIREMINI KUI VEISELIHA. LIHA SÄILITAB PÄRAST KÜPSETAMIST OMA PUNASE VÄRVUSE, SEEGA EI OLE VÄRVUS KÜPSUSE NÄITAJA. KUNA PIISON ON NII LAHJA, ÄRGE KÜPSETAGE SEDA SISETEMPERATUURIL 155 °F.

2 spl ekstra neitsioliiviõli

2 suurt magusat sibulat, õhukeselt viilutatud

¾ tassi Cabernet Sauvignoni või muud kuiva punast veini

1 tl Vahemere vürtse (vtretsept)

¼ tassi ekstra neitsioliiviõli

¼ tassi balsamico äädikat

1 spl peeneks hakitud šalottsibul

1 spl hakitud värsket basiilikut

1 väike küüslauguküüs, hakitud

1 nael jahvatatud piison

¼ tassi basiiliku pestot (vtretsept)

5 tassi rukolat

Toores soolamata pistaatsiapähklid, röstitud (vtvihje)

1. Kuumuta suurel pannil 2 spl õli keskmisel-madalal kuumusel. Lisa sibul. Katke ja küpseta 10–15 minutit või kuni sibul on pehme, aeg-ajalt segades. Avasta; küpseta ja sega keskmisel kuumusel 3–5 minutit või kuni sibul on kuldpruun. lisada veini; küpseta umbes 5

minutit või kuni suurem osa veinist on aurustunud. Puista üle Vahemere vürtsidega; soojas hoida.

2. Vahepeal segage vinegreti jaoks ¼ tassi oliiviõli, äädikat, šalottsibulat, basiilikut ja küüslauku. Katke ja loksutage korralikult.

3. Sega suures kausis kergelt kokku jahvatatud piisoni- ja basiilikupesto. Vormige lihasegust kergelt nelja ¾ tolli paksused pätsikesed.

4. Söe- või gaasigrilli jaoks asetage pätsikesed keskmisel-kõrgel kuumusel otse kergelt määritud küpsetusrestile. Katke ja grillige kuni soovitud küpsuseni (145 °F keskmise harva või 155 °F keskmise), umbes 10 minutit. Pöörake üks kord poole küpsetamise ajal.

5. Aseta rukola suurde kaussi. Nirista rukolale vinegretti; viska mantlile. Serveerimiseks jaga sibulad nelja serveerimistaldriku vahel. Kõige peale tõsta piisoniburger. Top burger raketiga ja puista peale pistaatsiapähklid.

PIISONI- JA LAMBALEIB MANGOLDI JA BATAADI PEAL

ETTEVALMISTUS:1 tund küpsetamist: 20 minutit küpsetamist: 1 tund seistes: 10 minutit valmistab: 4 portsjonit

SEE ON VANAMOODNE KODUNE TOIDUVALMISTAMINEKAASAEGSE PUUDUTUSEGA. PUNASE VEINI PANNIKASTE ANNAB LIHALEIVALE MAITSETÕUKE NING INDIA PÄHKLI KOORE JA KOOKOSÕLIGA PÜREESTATUD MANGOLD JA BATAAT PAKUVAD USKUMATUT TOITEVÄÄRTUST.

2 spl oliiviõli

1 tass peeneks hakitud cremini seeni

½ tassi peeneks hakitud punast sibulat (1 keskmine)

½ tassi peeneks hakitud sellerit (1 vars)

⅓ tassi peeneks hakitud porgandit (1 väike)

½ väikest õuna, südamikust puhastatud, kooritud ja tükeldatud

2 küüslauguküünt, hakitud

½ tl Vahemere vürtsi (vtretsept)

1 suur muna, kergelt lahti klopitud

1 supilusikatäis nipsutatud värsket salvei

1 spl hakitud värsket tüümiani

8 untsi jahvatatud piisonit

8 untsi jahvatatud lamba- või veiseliha

¾ tassi kuiva punast veini

1 keskmine šalottsibul, peeneks hakitud

¾ tassi veiselihapuljongit (vtretsept) või veiselihapuljongit ilma soola lisamata

Bataadipüree (vtretsept, allpool)

Küüslaugu mangold (vtretsept, allpool)

1. Kuumuta ahi temperatuurini 350 °F. Kuumuta suurel
   pannil keskmisel kuumusel õli. Lisa seened, sibul, seller
   ja porgand; küpseta ja sega umbes 5 minutit või kuni
   köögiviljad on pehmed. vähendage kuumust madalaks;
   lisa purustatud õun ja küüslauk. Katke ja küpseta
   umbes 5 minutit või kuni köögiviljad on väga pehmed.
   Eemaldage pliidilt; Sega hulka Vahemere maitseained.

2. Lisa seenesegu lõhikuga suurde kaussi, jättes tilgad
   pannile alles. Sega juurde muna, salvei ja tüümian. Lisa
   jahvatatud piison ja jahvatatud lambaliha; sega kergelt.
   Asetage lihasegu 2-liitrisesse ristkülikukujulisse
   pajanõusse. Vormige 7 × 4-tolline ristkülik. Küpseta
   umbes 1 tund või kuni kiirloetav termomeeter näitab
   155 ° F. Jätke 10 minutiks. Aseta lihaleib ettevaatlikult
   serveerimisvaagnale. Kata ja hoia soojas.

3. Pannikastme jaoks kraapige tilgad ja krõbedaks
   pruunistatud tükid pajaroast pannile reserveeritud
   tilgutitesse. Lisa vein ja šalottsibul. Kuumuta keskmisel
   kuumusel keemiseni; küpseta pooleks. Lisa veiseliha
   kondipuljong; küpseta ja sega kuni pooleks. Tõsta pann
   pliidilt.

4. Serveerimiseks jaga kartulipüree nelja
   serveerimistaldriku vahel. Kõige peale lisa Garlicky
   Chard. viiluta lihaleib; Lao viilud Garlicky mangoldile ja
   nirista üle pannikastmega.

Bataadipüree: koorige ja tükeldage jämedalt 4 keskmise
suurusega bataati. Keeda kartulid suures kastrulis 15

minutit või kuni need on pehmed nii palju keevas vees, et need oleksid kaetud. äravool. Püreesta kartulimassriga. Lisa ½ tassi india pähkli koort (vt<u>retsept</u>) ja 2 spl rafineerimata kookosõli; püreesta ühtlaseks. soojas hoida

Garlicky Chard: eemaldage kahelt mangoldi kimbult varred ja visake need ära. Haki lehed jämedalt. Kuumuta suurel pannil 2 spl oliiviõli keskmisel-kõrgel kuumusel. Lisa sveitsi mangold ja 2 hakitud küüslauguküünt; küpseta, kuni mangold on närbunud, aeg-ajalt tangidega visates.

PIISONI LIHAPALLID ÕUNA-PUNASÕSTRAKASTME JA SUVIKÕRVITSA PAPPARDELLEGA

ETTEVALMISTUS:Küpseta 25 minutit: küpseta 15 minutit: valmista 18 minutit: 4 portsjonit

LIHAPALLID SAAVAD VÄGA MÄRJADKUIDAS SA NEID TEED. HOIDKE KAUSS KÜLMA VEEGA KÄEPÄRAST JA TEHKE TÖÖTAMISE AJAL AEG-AJALT KÄSI MÄRJAKS, ET LIHASEGU KÄTE KÜLGE EI KLEEPUKS. LIHAPALLIDE VALMISTAMISE AJAL VAHETA PAAR KORDA VETT.

LIHAPALLID
oliiviõli

½ tassi jämedalt hakitud punast sibulat

2 küüslauguküünt, hakitud

1 muna, kergelt lahtiklopitud

½ tassi peeneks hakitud nööbiseened ja varred

2 supilusikatäit värsket itaalia peterselli (lamedaleheline)

2 tl oliiviõli

1 nael jahvatatud piison (võimaluse korral jämedalt jahvatatud)

ÕUNA-SÕSTRAKASTE
2 spl oliiviõli

2 suurt Granny Smithi õuna, kooritud, puhastatud südamikust ja peeneks hakitud

2 šalottsibulat, hakitud

2 spl värsket sidrunimahla

½ tassi kana kondipuljongit (vtretsept) või ilma soolata kanapuljongit

2 kuni 3 supilusikatäit kuivatatud sõstraid

SUVIKÕRVITSA PAPPARDELLE
6 suvikõrvitsat
2 spl oliiviõli
¼ tassi peeneks hakitud rohelist sibulat
½ tl purustatud punast pipart
2 küüslauguküünt, hakitud

1. Lihapallide jaoks soojendage ahi temperatuurini 375 °F.
Pintselda servadega küpsetusplaati kergelt oliiviõliga.
kõrvale panema. Köögikombainis või blenderis
blenderda sibul ja küüslauk. pulss ühtlaseks. Asetage
sibulasegu keskmisesse kaussi. Lisa muna, seened,
petersell ja 2 tl õli; sega kokku. Lisa jahvatatud piison;
kerge, kuid sega hästi. Jaga lihasegu 16 portsjoniks;
vormi lihapallid. Asetage lihapallid ettevalmistatud
ahjuplaadile ühtlaste vahedega. küpseta 15 minutit;
kõrvale panema.

2. Kastme jaoks kuumuta pannil keskmisel-kõrgel kuumusel
2 spl õli. Lisa õunad ja šalottsibul; küpseta ja sega 6–8
minutit või kuni see on väga pehme. Sega juurde
sidrunimahl. Tõsta segu köögikombaini või blenderisse.
Kata ja töötle või sega ühtlaseks; pannile tagasi. Sega
juurde kanakondipuljong ja sõstrad. lase keema tõusta;
Vähendage kuumust. Hauta kaaneta 8–10 minutit,
sageli segades. Lisa lihapallid; keeda ja sega madalal
kuumusel läbikuumenemiseni.

3. Vahepeal lõika pappardelle jaoks suvikõrvitsal otsad ära.
Raseeri suvikõrvits mandoliini või väga terava
juurviljakoorijaga õhukesteks ribadeks. (Selleks, et

ribad säiliksid, lõpetage raseerimine, kui jõuate kõrvitsa keskel olevate seemneteni.) Kuumutage eriti suurel pannil 2 supilusikatäit õli keskmisel-kõrgel kuumusel. Sega juurde talisibul, purustatud punane pipar ja küüslauk; keetke ja segage 30 sekundit. Lisa suvikõrvitsapaelad. Küpseta õrnalt segades umbes 3 minutit või lihtsalt kuni närbumiseni.

4. Serveerimiseks jaga pappardelle nelja serveerimistaldriku vahel. Kõige peale lihapallid ja õunasõstrakaste.

BISON JA PORCINI BOLOGNESE RÖSTITUD KÜÜSLAUGU SPAGETTIKÕRVITSAGA

ETTEVALMISTUS:30 minutit küpsetamist: 1 tund 30 minutit küpsetamist: 35 minutit valmistab: 6 portsjonit

KUI ARVASID, ET OLED SÖÖNUDMÕELGE OMA VIIMASELE ROALE, SPAGETTIDELE LIHAKASTMEGA, KUI TÕITE TURULE THE PALEO DIET®. SEE RIKKALIK BOLOGNESE KÜÜSLAUGU, PUNASE VEINI JA MULLASE PORCINI'GA ON KAETUD MAGUSATE HAMBULISTE SPAGETIKÕRVITSATE KIUDUDEGA. SA EI JÄÄ PASTAST PUUDU.

1 unts kuivatatud porcini seeni

1 tass keeva veega

3 spl ekstra neitsioliiviõli

1 nael jahvatatud piison

1 tass peeneks hakitud porgandit (2)

½ tassi hakitud sibulat (1 keskmine)

½ tassi peeneks hakitud sellerit (1 vars)

4 küüslauguküünt, hakitud

3 spl soolavaba tomatipastat

½ tassi punast veini

2 15-untsi purki soolamata tükeldatud tomateid

1 tl kuivatatud pune, purustatud

1 tl kuivatatud tüümiani, hakitud

½ tl musta pipart

1 keskmine spagetikõrvits (2½ kuni 3 naela)

1 sibul küüslauku

1. Sega väikeses kausis puravikud ja keeduvesi. Jätke 15 minutiks. Kurna läbi 100% puuvillaga vooderdatud sõela, säilitades leotusvedeliku. tükelda seened; seadke leht.

2. Kuumuta 4–5-liitrises ahjus 1 spl oliiviõli keskmisel-kõrgel kuumusel. Lisa jahvatatud piison, porgand, sibul, seller ja küüslauk. Küpseta, kuni liha on pruun ja köögiviljad pehmed, segades puulusikaga, et liha purustada. Lisa tomatipasta; keetke ja segage 1 minut. Lisa punane vein; keetke ja segage 1 minut. Sega hulka porcini, tomatid, pune, tüümian ja pipar. Lisage reserveeritud seenevedelik, veendudes, et kausi põhjas ei jääks tera. Kuumuta aeg-ajalt segades keemiseni; Vähendage kuumust madalaks. Kata kaanega ja hauta 1½ kuni 2 tundi või kuni soovitud konsistents on saavutatud.

3. Samal ajal eelsoojendage ahi temperatuurini 375 °F. Poolita kõrvits pikuti; seemned välja kraapida. Aseta kõrvitsapoolikud, küljed allpool, suurde pajavormi. Torgake nahk kahvliga üleni. Lõika ära küüslaugu pea ülemine pool tolli. Pane hakitud küüslauk koos kõrvitsaga pajavormi. Nirista peale ülejäänud 1 spl oliiviõli. Küpseta 35–45 minutit või kuni squash ja küüslauk on pehmed.

4. Kasutades lusikat ja kahvlit, eemaldage ja tükeldage kõrvitsa viljaliha igalt kõrvitsapoolelt. Aseta kaussi ja kata soojas hoidmiseks. Kui küüslauk on piisavalt jahtunud, pigista sibula põhja, et nelk välja tõmmata. Purusta küüslauguküüned kahvliga. Sega purustatud

küüslauk kõrvitsa hulka, jaotades küüslauku ühtlaselt. Serveerimiseks vala kaste kõrvitsasegu peale.

BISON CHILI CON CARNE

ETTEVALMISTUS:Küpseta 25 minutit: 1 tund 10 minutit teeb: 4 portsjonit

MAGUSTAMATA ŠOKOLAAD, KOHV JA KANEELLISAGE SELLELE SOOLASELE LEMMIKULE HUVI. KUI SOOVID VEELGI SUITSUSEMAT MAITSET, ASENDA TAVALISE PAPRIKAGA 1 SPL MAGUSAT SUITSUPAPRIKAT.

3 spl ekstra neitsioliiviõli

1 nael jahvatatud piison

½ tassi hakitud sibulat (1 keskmine)

2 küüslauguküünt, hakitud

2 14,5-untsi purki kuubikuteks lõigatud tomateid ilma lisatud soolata, soolamata

1 6-untsi purk soolavaba tomatipastat

1 tass veiselihapuljongit (vtretsept) või veiselihapuljongit ilma soola lisamata

½ tassi kanget kohvi

2 untsi 99% kakaosisaldusega küpsetusbatoone, tükeldatud

1 supilusikatäis paprikat

1 tl jahvatatud köömneid

1 tl kuivatatud pune

1½ tl suitsumaitseainet (vtretsept)

½ tl jahvatatud kaneeli

⅓ tassi pepitat

1 tl oliiviõli

½ tassi india pähkli koort (vtretsept)

1 tl värsket laimimahla

½ tassi värskeid koriandri lehti

4 laimi viilu

1. Kuumuta Hollandi ahjus 3 spl oliiviõli keskmisel-kõrgel kuumusel. Lisa jahvatatud piison, sibul ja küüslauk; Küpseta 5 minutit või kuni liha on pruun, segades puulusikaga, et liha laguneks. Sega juurde nõrutamata tomatid, tomatipasta, veiselihapuljong, kohv, küpsetusšokolaad, paprika, köömned, pune, 1 tl suitsumaitseainet ja kaneeli. lase keema tõusta; Vähendage kuumust. Kata kaanega ja hauta aeg-ajalt segades 1 tund.

2. Samal ajal röstige pepitasid väikesel pannil 1 tl oliiviõlis keskmisel-kõrgel kuumusel, kuni need paiskuvad ja muutuvad kuldseks. Asetage pepitad väikesesse kaussi. lisa ülejäänud ½ tl suitsumaitseainet; viska mantlile.

3. Sega väikeses kausis kokku india pähkli koor ja laimimahl.

4. Serveerimiseks tõsta tšilli kaussidesse. Peamised portsjonid india pähkli kreemi, Pepitase ja koriandriga. Serveeri koos laimiviiludega.

MAROKO MAITSESTATUD PIISONIPIHVID GRILLITUD SIDRUNITEGA

ETTEVALMISTUS:10 minutit grilli: 10 minutit teeb: 4 portsjonit

SERVEERIGE NEED KIIRELT PARANDATAVAD PRAEDJAHEDA JA KRÕBEDAKS MAITSESTATUD PORGANDIKAPSASALATIGA (VTRETSEPT). KUI SOOVID MAIUST, GRILLITUD ANANASSI KOOKOSKREEMIGA (VTRETSEPT) OLEKS HEA VIIS SÖÖGIKORRA LÕPETAMISEKS.

2 spl jahvatatud kaneeli

2 supilusikatäit paprikat

1 spl küüslaugupulbrit

¼ tl Cayenne'i pipart

4 6-untsi piisonifilee mignoni pihvi, ¾ kuni 1 tolli paksusteks viiludeks

2 sidrunit, poolitatud horisontaalselt

1. Segage väikeses kausis kaneel, paprika, küüslaugupulber ja Cayenne'i pipar. Patsutage praed paberrätikutega kuivaks. Hõõru praed mõlemalt poolt vürtsiseguga.

2. Söe- või gaasigrilli jaoks asetage praed otse küpsetusrestile keskmisel-kõrgel kuumusel. Katke ja grillige 10–12 minutit keskmisel harvadel (145 °F) või 12–15 minutit keskmisel harvadel (155 °F). Keerake üks kord poole küpsetamise ajal. Vahepeal asetage sidrunipoolikud, küljed allpool, keedurestile. Grilli 2–3 minutit või kuni see on kergelt söestunud ja mahlane.

3. Serveeri koos grillitud sidrunipoolikutega, et praed muljuda.

HERBES DE PROVENCE'I RIIVITUD PIISONI VÄLISFILEE

ETTEVALMISTUS:15 minutit keetmist: 15 minutit praadimist: 1 tund 15 minutit seistes: 15 minutit valmistab: 4 portsjonit

HERBES DE PROVENCE ON SEGUKUIVATATUD ÜRTE, MIDA KASVAB LÕUNA-PRANTSUSMAAL OHTRALT. SEGU SISALDAB TAVALISELT BASIILIKU, APTEEGITILLI SEEMNE, LAVENDLI, MAJORAANI, ROSMARIINI, SALVEI, SUVISE SOOLASE JA TÜÜMIANI KOMBINATSIOONI. SELLEL VÄGA AMEERIKAPÄRASEL RÖSTIL MAITSEB SEE SUUREPÄRASELT.

1 3 naela piisoni välisfilee

3 supilusikatäit Herbes de Provence

4 spl ekstra neitsioliiviõli

3 küüslauguküünt, hakitud

4 väikest pastinaaki, kooritud ja tükeldatud

2 küpset pirni, südamikust puhastatud ja tükeldatud

½ tassi magustamata pirninektarit

1 kuni 2 tl värsket tüümiani

1. Kuumuta ahi temperatuurini 375 °F. Lõika praelt rasv ära. Segage väikeses kausis Herbes de Provence, 2 spl oliiviõli ja küüslauk; hõõru kogu praad üle.

2. Asetage praad restile madalale röstimispannile. Sisestage ahju termomeeter prae keskele. * Prae ilma kaaneta 15 minutit. Alandage ahju temperatuuri 300 ° F. Röstige veel 60–65 minutit või kuni lihatermomeeter näitab 140 ° F (keskmiselt haruldane). Kata fooliumiga ja lase 15 minutit seista.

3. Kuumuta suurel pannil ülejäänud 2 spl oliiviõli keskmisel-kõrgel kuumusel. lisa pastinaak ja pirnid; Küpseta 10 minutit või kuni pastinaak on krõbe ja pehme, aeg-ajalt segades. lisa pirninektar; Küpseta 5 minutit või kuni kaste on veidi paksenenud. Puista peale tüümian.

4. Lõika praad õhukesteks viiludeks. Serveeri liha pastinaagi ja pirnidega.

*Nõuanne: piison on väga lahja ja küpseb kiiremini kui veiseliha. Lisaks on liha värvus punasem kui veiseliha, seega ei saa te küpsuse määramisel visuaalsele vihjele tugineda. Teil on vaja lihatermomeetrit, et teada saada, millal liha on valmis. Ahju termomeeter on ideaalne, kuid mitte vajalik.

KOHVIS HAUTATUD PIISONI LÜHIKESED RIBID MANDARIINI GREMOLATA JA SELLERI JUUREPÜREEGA

ETTEVALMISTUS:15 minutit keetmist: 2 tundi 45 minutit teeb: 6 portsjonit

PIISONI LÜHIKESED RIBID ON SUURED JA LIHAKAD.PEHMEKS SAAMISEKS VAJAVAD NAD HÄSTI PIKKA KEETMIST VEDELIKUS. GREMOLATA MANDARIINIKOOREGA MUUDAB SELLE SOOLASE ROA MAITSE HELEDAMAKS.

MARINAAD
- 2 tassi vett
- 3 tassi kanget kohvi, jahutatud
- 2 tassi värsket mandariini mahla
- 2 supilusikatäit hakitud värsket rosmariini
- 1 tl jämedalt jahvatatud musta pipart
- 4 naela piisoni lühikesed ribid, lõigake eraldamiseks ribide vahele

HAUTAMINE
- 2 spl oliiviõli
- 1 tl musta pipart
- 2 tassi hakitud sibulat
- ½ tassi hakitud šalottsibulat
- 6 küüslauguküünt, hakitud
- 1 jalapeño tšilli, seemnetest puhastatud ja tükeldatud (vtvihje)
- 1 tass kanget kohvi
- 1 tass veiselihapuljongit (vtretsept) või veiselihapuljongit ilma soola lisamata

¼ tassi Paleo ketšupit (vt<u>retsept</u>)

2 spl Dijoni stiilis sinepit (vt<u>retsept</u>)

3 spl õunasiidri äädikat

Sellerijuure puder (vt<u>retsept</u>, allpool)

Mandariin Gremolata (vt<u>retsept</u>, paremal)

1. Marinaadi jaoks segage suures mittereageerivas anumas (klaasist või roostevabast terasest) vesi, jahutatud kohv, mandariinimahl, rosmariin ja must pipar. lisa ribid. Vajadusel aseta ribide peale taldrik, et need jääksid vee alla. Katke ja jahutage 4–6 tundi, korra ümber ja segage üks kord.

2. Potis küpsetamiseks eelsoojenda ahi temperatuurini 325 °F. Nõruta ribid ja visake marinaad ära. Patsutage ribid paberrätikutega kuivaks. Kuumuta suures Hollandi ahjus oliiviõli keskmisel-kõrgel kuumusel. Maitsesta ribid musta pipraga. Pruunista ribisid partiidena, kuni need on igast küljest pruunistunud, umbes 5 minutit partii kohta. Aseta suurele taldrikule.

3. Lisa kastrulisse sibul, šalottsibul, küüslauk ja jalapeño. Alanda kuumust keskmisele, kata ja küpseta, kuni köögiviljad on pehmed. Segage neid aeg-ajalt umbes 10 minutit. Lisa kohv ja puljong; segage ja kraapige pruunistunud tükid ära. Lisage Paleo ketšup, Dijoni stiilis sinep ja äädikas. Kuumuta keemiseni. lisa ribid. Kata ja pane ahju. Küpseta, kuni liha on pehme, umbes 2 tundi 15 minutit, kergelt segades ja ribisid üks või kaks korda ümber paigutades.

4. Pane taldrikule ribid; Telk fooliumiga sooja hoidmiseks. lusikatäis rasva kastme pinnalt. Küpseta kastet, kuni see

on 2 tassi, umbes 5 minutit. Jaga juurselleri puder 6 taldrikule; Kõige peale ribid ja kaste. Puista peale mandariini gremolata.

Sellerijuurepüree: segage suures kastrulis 3 naela sellerijuurt, mis on kooritud ja lõigatud 1-tollisteks tükkideks, ja 4 tassi kana luupuljongit (vt.retsept) või soolata kanapuljong. lase keema tõusta; Vähendage kuumust. Nõruta juurseller ja jäta puljong alles. Pane juurselleri juur potti tagasi. Lisa 1 spl oliiviõli ja 2 tl hakitud värsket tüümiani. Püreesta kartulipudru abil sellerijuur ja lisa soovitud konsistentsi saavutamiseks paar supilusikatäit puljongit.

Tangerine Gremolata: Viska väikeses kausis kokku ½ tassi värsket peterselli, 2 supilusikatäit peeneks hakitud mandariinikoort ja 2 hakitud küüslauguküünt.

VEISE LUUPULJONG

ETTEVALMISTUS:25 minutit röstimist: 1 tund keetmist: 8 tundi valmistamist: 8 kuni 10 tassi

LUUSTEST HÄRJASABADEST SAAB ÄÄRMISELT MAITSEKA PULJONGISEDA SAAB KASUTADA MIS TAHES RETSEPTIS, MIS NÕUAB VEISELIHAPULJONGIT – VÕI LIHTSALT ÜHE TASSITÄIE TOIDUVALMISTAMISEKS IGAL KELLAAJAL. KUIGI VAREM PÄRINESID NAD HÄRJALT, ON HÄRJASABAD NÜÜD PÄRIT VEISTELT.

5 porgandit, jämedalt hakitud

5 selleripulka, jämedalt hakitud

2 kollast sibulat, koorimata, poolitatud

8 untsi valgeid seeni

1 sibul küüslauk, koorimata, poolitatud

2 naela härjasaba luu või veiseliha luu

2 tomatit

12 tassi külma vett

3 loorberilehte

1. Kuumuta ahi temperatuurini 400 °F. Asetage porgand, seller, sibul, seened ja küüslauk suurele ahjuplaadile või madalasse vormi. Asetage luud köögiviljade peale. Blenderda tomatid köögikombainis ühtlaseks massiks. Tõsta tomatid katteks luu peale (ei sobi, kui osa püreest tilgub pannile ja köögiviljadele). Rösti 1–1,5 tundi või kuni luud on sügavpruunid ja köögiviljad on karamelliseerunud. Viige luud ja köögiviljad 10–12-liitrisesse ahju või potti. (Kui osa tomatisegust karamelliseerub panni põhjas, lisa pannile 1 tass kuuma

vett ja kraabi kõik tükid ära. Vala vedelik luudele ja köögiviljadele, vähendades vee kogust 1 tassi võrra.

2. Kuumuta segu aeglaselt keskmisel-kõrgel kuumusel keema. Vähendage kuumust; Kata puljong kaanega ja hauta aeg-ajalt segades 8–10 tundi.

3. Kurna puljong; Visake luud ja köögiviljad ära. lahe puljong; Tõsta puljong säilitusmahutitesse ja hoia külmkapis kuni 5 päeva; külmutada kuni 3 kuud. *

Aeglase pliidi juhised: 6–8-liitrise aeglase pliidi jaoks kasutage 1 naela veiseliha, 3 porgandit, 3 selleripulka, 1 kollast sibulat ja 1 sibulat küüslauku. Püreesta 1 tomat ja riivi luudele. Küpseta vastavalt juhistele ja lisa aeglasele pliidile luud ja köögiviljad. Kraapige karamelliseeritud tomatid vastavalt juhistele ja lisage aeglasele pliidile. Lisa nii palju vett, et see kataks. Katke ja keetke kõrgel kuumusel, kuni puljong keeb, umbes 4 tundi. Vähendage madalale kuumusele; Küpseta 12–24 tundi. kurna puljong; Visake luud ja köögiviljad ära. Hoida vastavalt juhistele.

*Nõuanne: Et puljongist rasv kergesti eemaldada, hoia puljongit üle öö külmkapis kaetud anumas. Rasv tõuseb üles ja moodustab tugeva kihi, mida saab kergesti maha kraapida. Puljong võib pärast jahutamist pakseneda.

TUNEESIA VÜRTSIDEGA RIIVITUD SEA ABATÜKK VÜRTSIKATE BATAADI FRIIKARTULITEGA

ETTEVALMISTUS:25 minutit röstimist: 4 tundi küpsetamist: 30 minutit valmistab: 4 portsjonit

SEE ON SUUREPÄRANE ROOGJAHEDAL SÜGISPÄEVAL. LIHA RÖSTITAKSE AHJUS TUNDE, NII ET TEIE MAJA LÕHNAB IMELISELT JA TEIL ON AEGA MUUDE ASJADEGA TEGELEDA. AHJUS KÜPSETATUD BATAADIFRIIKARTULID EI LÄHE NII KRÕBEDAKS KUI VALGED KARTULID, KUID NEED ON OMAETTE MAITSVAD, ERITI KUI NEID KASTETAKSE KÜÜSLAUGUMAJONEESIGA.

SEALIHA
1 2½ kuni 3 naela kondiga sea abapraad
2 tl jahvatatud ancho tšillipipart
2 tl jahvatatud köömneid
1 tl köömneid, kergelt purustatud
1 tl jahvatatud koriandrit
½ tl jahvatatud kurkumit
¼ tl jahvatatud kaneeli
3 supilusikatäit oliiviõli

FRIIKARTULID
4 keskmist maguskartulit (umbes 2 naela), kooritud ja
    lõigatud ½ tolli viiludeks
½ tl purustatud punast pipart
½ tl sibulapulbrit
½ tl küüslaugupulbrit
oliiviõli

1 sibul, õhukeselt viilutatud

Paleo Aïoli (küüslaugumajonees) (vt<u>retsept</u>)

1. Kuumuta ahi temperatuurini 300 °F. Lõika lihast rasv. Segage väikeses kausis jahvatatud ancho tšillipipar, jahvatatud köömned, köömned, koriander, kurkum ja kaneel. Puista liha vürtsiseguga; Hõõru sõrmedega ühtlaselt liha sisse.

2. Kuumuta 5–6-liitrises ahjukindlas Hollandi ahjus 1 spl oliiviõli keskmisel-kõrgel kuumusel. Prae sealiha kuumas õlis igast küljest. Katke ja hautage umbes 4 tundi või kuni liha on väga pehme ja lihatermomeeter näitab 190 ° F. Eemaldage Hollandi ahi ahjust. Jätke bataadifriikartulite ja sibulate valmistamise ajaks kaane all, jättes 1 supilusikatäis rasva Hollandi ahju.

3. Tõstke ahju temperatuur 400 ° F. Bataadifriikartulite jaoks segage suures kausis bataat, ülejäänud 2 spl oliiviõli, purustatud punane pipar, sibulapulber ja küüslaugupulber. viska mantlile. Vooderda üks suur küpsetusplaat või kaks väikest fooliumiga; Pintselda peale oliiviõli. Laota bataadid ühe kihina ettevalmistatud ahjuplaatidele. Küpseta umbes 30 minutit või kuni see on pehme, keerates jamss üks kord poole küpsetamise ajal.

4. Vahepeal võta liha Hollandi ahjust välja. Kata fooliumiga, et hoida soojas. Nõruta tilgad, jättes 1 spl rasva alles. Pange reserveeritud rasv tagasi Hollandi ahju. lisada sibul; Küpseta keskmisel kõrgel kuumusel umbes 5 minutit või kuni see on pehmenenud, aeg-ajalt segades.

5. Aseta sealiha ja sibul serveerimisvaagnale. Tõmmake sealiha kahe kahvli abil suurteks tükkideks. Serveeri sealiha ja friikartuleid Paleo Aïoliga.

KUUBA GRILLITUD SEA ABATÜKK

ETTEVALMISTUS:Marineerimine 15 minutit: 24 tundi Grill: 2 tundi 30 minutit Seis: 10 minutit Valmistamine: 6 kuni 8 portsjonit

TUNTUD KUI "LECHON ASADO" OMA PÄRITOLUMAAL,SEE SEAPRAAD ON MARINEERITUD VÄRSKETE TSITRUSELISTE MAHLADE, VÜRTSIDE, PURUSTATUD PUNASE PIPRA JA TERVE SIBULA HAKITUD KÜÜSLAUGU SEGUS. KUUMADE SÖE PEAL KÜPSETAMINE PÄRAST ÜLEÖÖ MARINAADIS LEOTAMIST ANNAB SELLELE HÄMMASTAVA MAITSE.

1 sibul küüslaugu, nelk eraldatud, kooritud ja hakitud

1 tass jämedalt hakitud sibulat

1 tass oliiviõli

1⅓ tassi värsket laimimahla

⅔ tassi värsket apelsinimahla

1 spl jahvatatud köömneid

1 spl kuivatatud pune, tükeldatud

2 tl värskelt jahvatatud musta pipart

1 tl purustatud punast pipart

1 4–5-naeline kondita sea abapraad

1. Marinaadi jaoks eralda küüslauk küünteks. koori ja tükelda nelk; pane suurde kaussi. Lisa sibul, oliiviõli, laimimahl, apelsinimahl, köömned, pune, must pipar ja purustatud punane pipar. Sega korralikult läbi ja tõsta kõrvale.

2. Torka seaprae konditusnoaga läbi. Asetage praad ettevaatlikult marinaadi, uputades nii palju vedelikku

kui võimalik. Kata kauss tihedalt kilega. Marineerige külmkapis 24 tundi, keerates üks kord.

3. Tõsta sealiha marinaadist välja. Vala marinaad keskmisesse kastrulisse. lase keema tõusta; Lase 5 minutit küpseda. Võta pliidilt ja lase jahtuda. Kõrvale panema.

4. Söegrilli jaoks asetage tilkumisaluse ümber keskmiselt kuumad söed. Kontrollige pannil keskmise kuumusega. Asetage liha tilgapanni kohale küpsetusrestile. Katke ja grillige 2½ kuni 3 tundi või kuni kiirloetav termomeeter näitab prae keskel 140 °F. (Gaasigrilli puhul eelsoojendage grill. Alandage kuumust keskmiselt madalale. Seadke kaudseks küpsetamiseks. Asetage liha küpsetusrestile põleti kohal. Katke ja grillige vastavalt juhistele.) Eemaldage liha grillilt. Kata fooliumiga ja lase seista 10 minutit enne nikerdamist või koorimist.

ITAALIA VÜRTSIDEGA RIIVITUD SEAPRAAD KÖÖGIVILJADEGA

ETTEVALMISTUS:20 minutit Röstimine: 2 tundi 25 minutit
Seisuaeg: 10 minutit Valmistamine: 8 portsjonit

"VÄRSKE ON PARIM" ON HEA MANTRAMIDA
TOIDUVALMISTAMISEL ENAMUSE AJAST JÄRGIDA. LIHA SISSE
HÕÕRUMISEKS SOBIVAD AGA VÄGA HÄSTI KUIVATATUD
ÜRDID. KUI ÜRTE KUIVATATAKSE, KONTSENTREERITAKSE
NENDE MAITSED. NAD VABASTAVAD OMA MAITSED, KUI NAD
PUUTUVAD KOKKU LIHA NIISKUSEGA, NAGU SEE
ITAALIAPÄRANE RÖST, MIS ON MAITSESTATUD PETERSELLI,
APTEEGITILLI, PUNE, KÜÜSLAUGU JA TERAVALT
PURUSTATUD PUNASE PIPRAGA.

2 spl kuivatatud peterselli, hakitud

2 spl apteegitilli seemneid, purustatud

4 tl kuivatatud pune, purustatud

1 tl värskelt jahvatatud musta pipart

½ tl purustatud punast pipart

4 küüslaugiküünt, hakitud

1 4-naeline kondiga sea abatükk

1 kuni 2 supilusikatäit oliiviõli

1¼ tassi vett

2 keskmist sibulat, kooritud ja viiludeks lõigatud

1 suur apteegitilli sibul, kärbitud, seemnetest puhastatud ja
   viiludeks lõigatud

2 naela rooskapsast

1. Kuumuta ahi temperatuurini 325 °F. Sega väikeses kausis
   kokku petersell, apteegitilli seemned, pune, must pipar,
   purustatud punane pipar ja küüslauk. kõrvale panema.

Vajadusel kobesta seapraad. Lõika lihast rasv. Hõõru liha igast küljest vürtsiseguga. Soovi korral seo praad uuesti kokku, et see koos püsiks.

2. Kuumutage Hollandi ahjus õli keskmisel-kõrgel kuumusel. Prae liha kuumas õlis igast küljest. Kurna rasv ära. Valage praele ümber Hollandi ahjus olev vesi. Rösti kaaneta 1½ tundi. Asetage sibul ja apteegitill seaprae ümber. Katke ja röstige veel 30 minutit.

3. Vahepeal lõika ära rooskapsa varred ja eemalda närbunud välimised lehed. Poolita rooskapsas. Aseta rooskapsas Hollandi ahju ja määri teiste köögiviljade peale. Katke ja pruunistage veel 30–35 minutit või kuni köögiviljad ja liha on pehmed. Tõsta liha serveerimistaldrikule ja kata fooliumiga. Enne viilutamist laske 15 minutit seista. Viska köögiviljad katmiseks pannimahlaga. Eemaldage serveerimisvaagnalt või kausist lusikaga köögiviljad. kate soojas hoidmiseks.

4. Eemaldage suure lusikaga pannimahladest rasv. Valage ülejäänud pannimahlad läbi sõela. Viiluta sealiha ja eemalda luu. Serveeri liha köögiviljade ja pannimahlaga.

SLOW COOKER PORK MOLE

ETTEVALMISTUS:20 minutit aeglast küpsetamist: 8–10 tundi (madal) või 4–5 tundi (kõrge) saagis: 8 portsjonit

KÖÖMNETE, KORIANDRI, PUNE, TOMATITE, MANDLITE, ROSINATE, TŠILLI JA ŠOKOLAADIGASELLE RIKKALIKU JA MAITSEKÜLLASE KASTMEGA ON PALJU ASJA – SEDA VÄGA HEAS MÕTTES. SEE ON IDEAALNE EINE HOMMIKUSEKS ALUSTAMISEKS ENNE PÄEVA ALUSTAMIST. KOJU JÕUDES ON ÕHTUSÖÖK PEAAEGU VALMIS – JA TEIE MAJA LÕHNAB USKUMATULT.

1 3-naeline kondita sea abapraad

1 tass jämedalt hakitud sibulat

3 küüslauguküünt, viilutatud

1½ tassi veiselihapuljongit (vtretsept), kanakondipuljong (vtretsept) või veise- või kanapuljong ilma lisatud soolata

1 spl jahvatatud köömneid

1 spl jahvatatud koriandrit

2 tl kuivatatud pune, tükeldatud

1 15-untsi purki tükeldatud tomatit ilma soolata, nõrutatud

1 6 untsi purk tomatipastat ilma lisatud soolata

½ tassi viilutatud mandleid, röstitud (vtvihje)

¼ tassi väävlita kuldseid rosinaid või sõstraid

2 untsi magustamata šokolaadi (nagu Scharffen Berger 99% kakaobatoonid), jämedalt tükeldatud

1 kuivatatud terve ancho või chipotle tšillipipar

2 4 tolli kaneelipulka

¼ tassi värsket koriandrit

1 avokaado, kooritud, seemnetest puhastatud ja õhukesteks
viiludeks lõigatud

Lõika 1 laim viiludeks

⅓ tassi röstitud soolamata rohelisi kõrvitsaseemneid
(valikuline) (vt<u>vihje</u>)

1. Lõika seaprae rasv. Vajadusel lõigake liha nii, et see
sobiks 5–6-liitrise aeglase pliidiga. kõrvale panema.

2. Sega aeglases pliidis sibul ja küüslauk. Sega 2-tassises
klaasist mõõtetopsis kokku veiselihapuljong, köömned,
koriander ja pune. vala pliidile. Sega hulka tükeldatud
tomatid, tomatipasta, mandlid, rosinad, šokolaad,
kuivatatud tšillipipar ja kaneelipulgad. Pane liha
pliidile. Vala peale veidi tomatisegu. Katke ja küpseta
madalal kuumusel 8–10 tundi või kõrgel kuumusel 4–5
tundi või kuni sealiha on pehme.

3. Tõsta sealiha lõikelauale; lase veidi jahtuda. Tõmmake
liha kahe kahvli abil tükkideks. Kata liha fooliumiga ja
tõsta kõrvale.

4. Eemaldage ja visake ära kuivatatud tšillipipar ja
kaneelipulgad. Eemalda suure lusikaga tomatisegust
rasv. Tõsta tomatisegu blenderisse või köögikombaini.
Kata ja sega või töötle peaaegu ühtlaseks. Lisage sealiha
ja kaste aeglasele pliidile. Enne serveerimist hoia kuni 2
tundi madalal kuumusel soojas.

5. Segage koriander vahetult enne serveerimist. Serveeri
mutt kaussidesse ja kaunista avokaadoviilude,
laimiviilude ja soovi korral kõrvitsaseemnetega.

KÖÖMNETEGA MAITSESTATUD SEALIHA JA KÕRVITSAHAUTIS

ETTEVALMISTUS:Küpseta 30 minutit: 1 tund teeb: 4 portsjonit

PIPRANE SINEPIROHELINE JA KÕRVITSLISAGE SELLELE IDA-EUROOPA MAITSETEGA VÜRTSITATUD HAUTISELE ERKSAD VÄRVID JA TERVE HULK VITAMIINE, AGA KA KIUDAINEID JA FOOLHAPET.

1 1¼ kuni 1½ naela seaabapraad

1 supilusikatäis paprikat

1 spl köömneid, peeneks hakitud

2 tl kuiva sinepit

¼ tl Cayenne'i pipart

2 spl rafineeritud kookosõli

8 untsi värskeid seeni, õhukeselt viilutatud

2 varssellerit, lõigatud risti 1-tollisteks viiludeks

1 väike punane sibul, lõigatud õhukesteks viiludeks

6 küüslauguküünt, hakitud

5 tassi kana kondipuljongit (vtretsept) või ilma soolata kanapuljongit

2 tassi kuubikuteks lõigatud, kooritud suvikõrvitsat

3 tassi jämedalt hakitud, viilutatud sinepirohelist või lehtkapsast

2 supilusikatäit tõmmatud värsket salvei

¼ tassi värsket sidrunimahla

1. Lõika sealiha rasv. Lõika sealiha 1½-tollisteks kuubikuteks; pane suurde kaussi. Sega väikeses kausis kokku paprika, köömned, kuiv sinep ja cayenne'i pipar. Puista sealiha peale ja aja ühtlaselt laiali.

2. Kuumuta 4–5-liitrises ahjus kookosõli keskmisel-kõrgel kuumusel. Lisa pool lihast; küpseta aeg-ajalt segades pruuniks. Võtke liha pannilt välja. Korrake ülejäänud lihaga. pane liha kõrvale.

3. Asetage seened, seller, punane sibul ja küüslauk Hollandi ahju. Keeda 5 minutit, aeg-ajalt segades. Pange liha tagasi Hollandi ahju. Lisa ettevaatlikult kanakondipuljong. lase keema tõusta; Vähendage kuumust. Kata kaanega ja hauta 45 minutit. Sega juurde kõrvits. Katke ja hautage veel 10–15 minutit või kuni sealiha ja squash on pehmed. Sega hulka sinepirohelised ja salvei. Küpseta 2–3 minutit või kuni rohelised on lihtsalt pehmed. Sega juurde sidrunimahl.

PUUVILJATÄIDISEGA VÄLISFILEE BRÄNDIKASTMEGA

ETTEVALMISTUS:30 minutit küpsetamist: 10 minutit praadimist: 1 tund 15 minutit seistes: 15 minutit valmistab: 8 kuni 10 portsjonit

SEE ELEGANTNE RÖST SOBIB SUUREPÄRASELTERILINE SÜNDMUS VÕI PEREKONNA KOKKUTULEK – ERITI SÜGISEL. SELLE MAITSED – ÕUNAD, MUSKAATPÄHKEL, KUIVATATUD PUUVILJAD JA PEKANIPÄHKLID – TABAVAD SELLE HOOAJA OLEMUST. SERVEERI BATAADIPÜREE, MUSTIKA JA RÖSTITUD PEEDIKAPSA SALATIGA (VT<u>RETSEPT</u>).

RÖSTITUD LIHA
  1 spl oliiviõli
  2 tassi tükeldatud, kooritud Granny Smithi õunu (umbes 2 keskmist)
  1 šalottsibul, peeneks hakitud
  1 spl hakitud värsket tüümiani
  ¾ tl värskelt jahvatatud musta pipart
  ⅛ tl jahvatatud muskaatpähklit
  ½ tassi hakitud väävlita kuivatatud aprikoose
  ¼ tassi hakitud pekanipähklit, röstitud (vt<u>vihje</u>)
  1 tass kanalihapuljongit (vt<u>retsept</u>) või ilma soolata kanapuljongit
  1 3-naeline kondita seapraad kondita (ühekordne seljatükk)

BRÄNDIKASTE
  2 spl õunasiidrit
  2 supilusikatäit brändit

1 tl Dijoni stiilis sinepit (vtretsept)

Värskelt jahvatatud must pipar

1. Täidiseks kuumuta suurel pannil keskmisel-kõrgel kuumusel oliiviõli. Lisa õunad, šalottsibul, tüümian, ¼ tl pipart ja muskaatpähkel; Küpseta 2–4 minutit või kuni õunad ja šalottsibul on pehmed ja helekuldsed, aeg-ajalt segades. Segage aprikoosid, pekanipähklid ja 1 supilusikatäis puljongit. Küpseta kaaneta 1 minut, et aprikoosid pehmeneksid. Tõsta pliidilt ja tõsta kõrvale.

2. Kuumuta ahi temperatuurini 325 °F. Libistage seapraad, lõigates prae keskosa pikisuunas maha ja lõigates teisest küljest poole tolli täpsusega. Laota praad laiali. Asetage nuga V-kujulisse lõikesse, suunates horisontaalselt V-tähe ühele küljele, ja lõigake küljelt poole tolli täpsusega. Korrake sama V-vormi teisel poolel. Laotage praad laiali ja katke kilega. Suru praad lihavasaraga keskelt äärteni, kuni see on umbes 1 cm paksune. Eemaldage ja visake ära plastkile. Määri täidis prae peale. Alustage ühest lühikesest küljest, keerake röst spiraalselt rulli. Seo rösti koos hoidmiseks kinni mitmest kohast 100% puuvillase kööginööriga.

3. Asetage praad restile madalale röstimispannile. Sisesta ahjutermomeeter prae keskele (mitte täidisesse). Rösti, kaaneta, 1 tund, 15 minutit kuni 1 tund, 30 minutit või kuni termomeeter näitab 145 °F. Eemaldage praad ja katke lõdvalt fooliumiga; Enne viilutamist laske 15 minutit seista.

4. Vahepeal segage brändikastme jaoks pannil tilgutites järelejäänud puljong ja õunasiider, vahustage, et kõik

pruunistunud tükid üles kraapida. Kurna tilgad
keskmisesse kastrulisse. lase keema tõusta; küpseta
umbes 4 minutit või kuni kaste on kolmandiku võrra
vähenenud. Sega hulka brändi ja sinep, Dijoni stiilis.
Maitsesta veel pipraga. Serveeri kastet seaprae kõrvale.

PORCHETTA STIILIS SEAPRAAD

ETTEVALMISTUS:Marineerida 15 minutit: üleöö: 40 minutit
Röstimine: 1 tund Valmistamine: 6 portsjonit

TRADITSIOONILINE ITAALIA PORCHETTA(MÕNIKORD AMEERIKA INGLISE KEELES SPELTA PORKETTA) ON KONDITA SIGA, MIS ON TÄIDETUD KÜÜSLAUGU, APTEEGITILLI, PIPRA JA ÜRTIDEGA, NAGU SALVEI VÕI ROSMARIIN, SEEJÄREL ASETATAKSE VARDASSE JA RÖSTITAKSE PUIDU KOHAL. TAVALISELT ON SEE KA TUGEVALT SOOLATUD. SEE PALEO VERSIOON ON LIHTSUSTATUD JA VÄGA MAITSEV. SOOVI KORRAL ASENDAGE SALVEI VÄRSKE ROSMARIIN VÕI KASUTAGE MÕLEMA ÜRDI SEGU.

1 2–3 naela kondita seafilee

2 supilusikatäit apteegitilli seemneid

1 tl musta pipra tera

½ tl purustatud punast pipart

6 küüslauguküünt, hakitud

1 spl peeneks hakitud apelsinikoort

1 supilusikatäis nipsutatud värsket salvei

3 supilusikatäit oliiviõli

½ tassi kuiva valget veini

½ tassi kana kondipuljongit (vtretsept) või ilma soolata kanapuljongit

1. Võta seapraad külmikust välja; Jäta toatemperatuurile 30 minutiks. Röstige apteegitilli seemneid väikesel pannil keskmisel kõrgel kuumusel, sageli segades, umbes 3 minutit või kuni need on tumedad ja lõhnavad; lahe. Aseta maitseaineveskisse või puhtasse kohviveskisse.

Lisa pipraterad ja purustatud punane pipar. Jahvata keskmiselt peeneks konsistentsiks. (Ärge jahvatage pulbriks.)

2. Kuumuta ahi temperatuurini 325 °F. Segage väikeses kausis jahvatatud vürtsid, küüslauk, apelsinikoor, salvei ja oliiviõli pastaks. Asetage seapraad väikesele pannile restile. Hõõru seguga kogu sealiha. (Soovi korral asetage maitsestatud sealiha 9 × 13 × 2-tollisse klaasist küpsetusnõusse. Kata plastkilega ja pane üleöö külmkappi marineerima. Tõsta liha enne küpsetamist pannile ja lase enne küpsetamist 30 minutit toatemperatuuril seista.)

3. Rösti sealiha 1–1,5 tundi või seni, kuni termomeeter näitab prae keskel 145 °F. Tõsta röst lõikelauale ja kata lõdvalt fooliumiga. Enne viilutamist laske 10–15 minutit seista.

4. Vahepeal valage pannimahlad klaasist mõõtetopsi. Eemaldage rasv ülalt; kõrvale panema. Asetage praepann pliidile. Vala pannile vein ja kanakondipuljong. Kuumuta keskmisel-kõrgel kuumusel keemiseni, segades, et eemaldada kõik pruunistunud tükid. Küpseta umbes 4 minutit või kuni segu on veidi vähenenud. Segage reserveeritud pannimahlad; Koormus. Viiluta sealiha ja serveeri kastmega.

TOMATILLO HAUTATUD SEAFILEE

ETTEVALMISTUS:40 minutit Röstimine: 10 minutit Keetmine: 20 minutit Röstimine: 40 minutit Seista: 10 minutit Valmistamine: 6 kuni 8 portsjonit

TOMATID ON KLEEPUVA, MAHLASE KATTEGANENDE PABERNAHKADE ALL. PÄRAST NAHKADE EEMALDAMIST LOPUTAGE NEID KIIRESTI JOOKSVA VEE ALL JA NEED ON KASUTAMISEKS VALMIS.

1 nael tomateid, kooritud, varred ja loputatud

4 serrano tšillit, varred, seemned ja poolitatud (vt vihje)

2 jalapenot, varred, seemned ja poolitatud (vt vihje)

1 suur kollane paprika, varred, seemned ja poolitatud

1 suur oranž paprika, varred, seemned ja poolitatud

2 spl oliiviõli

1 2–2½-naeline kondita seafilee praad

1 suur kollane sibul, kooritud, poolitatud ja õhukesteks viiludeks

4 küüslauguküünt, hakitud

¾ tassi vett

¼ tassi värsket laimimahla

¼ tassi värsket koriandrit

1. Kuumuta broilerid kõrgel kuumusel. Vooderda küpsetusplaat fooliumiga. Asetage tomatid, serrano tšillid, jalapeñod ja paprikad ettevalmistatud küpsetusplaadile. Röstige köögivilju 4 tolli kuumusest kuni hästi söestunud, aeg-ajalt keerates tomateid ja eemaldades köögivilju, kui need on söestunud, umbes 10–15 minutit. Asetage serranod, jalapeñod ja tomatid

kaussi. Aseta paprikad taldrikule. Tõsta köögiviljad kõrvale jahtuma.

2. Kuumuta suurel pannil keskmisel-kõrgel kuumusel õli läikima. Patsuta seapraad puhta paberrätikuga kuivaks ja lisa pannile. Pruunista igast küljest hästi ja lase röstil ühtlaselt pruunistuda. Tõsta röst vaagnale. Vähenda kuumust keskmisele. Lisa pannile sibul; küpseta ja sega 5–6 minutit või kuni kuldpruunini. Lisa küüslauk; Lase veel 1 minut keeda. Tõsta pann pliidilt.

3. Kuumuta ahi temperatuurini 350 °F. Tomatillo-kastme jaoks sega köögikombainis või blenderis tomatid, serranod ja jalapeñod. Kata ja sega või töötle ühtlaseks; Lisa pannile sibul. Pane pann uuesti kuumenema. lase keema tõusta; Küpseta 4–5 minutit või kuni segu on tume ja paks. Sega juurde vesi, laimimahl ja koriander.

4. Määri madalale pannile või 3-liitrisesse ristkülikukujulisse vorminõusse tomatikaste. Aseta seapraad kastmesse. Kata tihedalt fooliumiga. Röstige 40–45 minutit või kuni kiirloetav termomeeter näitab rösti keskel 140 °F.

5. Lõika paprika ribadeks. Sega pannil tomatikaste. Telk lahtiselt fooliumiga; Jätke 10 minutiks. viiluta liha; sega kaste. Serveeri viilutatud sealiha rikkalikult tomatikastmega.

SEAFILEE APRIKOOSIDEGA TÄIDETUD

ETTEVALMISTUS:20 minutit Röstimine: 45 minutit Seista: 5 minutit Valmistamine: 2 kuni 3 portsjonit

2 keskmiselt värsket aprikoosi, jämedalt hakitud

2 spl väävlita rosinaid

2 spl hakitud kreeka pähkleid

2 tl riivitud värsket ingverit

¼ tl jahvatatud kardemoni

1 12 untsi sea sisefilee

1 spl oliiviõli

1 spl Dijoni stiilis sinepit (vtretsept)

¼ tl musta pipart

1. Kuumuta ahi temperatuurini 375 °F. Vooderda küpsetusplaat fooliumiga; Asetage küpsetusplaadile röstimispann.

2. Sega väikeses kausis kokku aprikoosid, rosinad, kreeka pähklid, ingver ja kardemon.

3. Viiluta sealiha keskosa pikisuunas, jättes teisest küljest 1 tolli kaugusele. liblika see üles. Asetage sealiha kahe kilekihi vahele. Kasutades lihavasara lamedat külge, tampige liha kergelt, kuni see on umbes 1/2 tolli paksune. Ühtlase ristküliku saamiseks keerake tagumine ots kokku. Pudista liha kergelt ühtlase paksuse saavutamiseks.

4. Määri aprikoosisegu sealihale. Alustage kitsast otsast ja keerake sealiha kokku. Seo 100% puuvillase

kööginööriga kõigepealt keskelt alla, seejärel 1-tolliste vahedega. Asetage praad restile.

5. Sega oliiviõli ja sinep Dijoni stiilis. jaotada prae peale. Puista praad peale pipraga. Röstige 45–55 minutit või kuni kiirloetav termomeeter näitab rösti keskel 140 °F. Enne viilutamist laske 5–10 minutit seista.

SEAFILEE ÜRDIKOORIKU JA KRÕBEDA KÜÜSLAUGUÕLIGA

ETTEVALMISTUS:15 minutit röstimist: 30 minutit keetmist: 8 minutit seistes: 5 minutit valmistab: 6 portsjonit

⅓ tassi Dijoni stiilis sinepit (vtretsept)

¼ tassi hakitud värsket peterselli

2 spl hakitud värsket tüümiani

1 spl hakitud värsket rosmariini

½ tl musta pipart

2 12-untsi sea sisefileed

½ tassi oliiviõli

¼ tassi hakitud värsket küüslauku

¼ kuni 1 tl purustatud punast pipart

1. Kuumuta ahi temperatuurini 450 °F. Vooderda küpsetusplaat fooliumiga; Asetage küpsetusplaadile röstimispann.

2. Sega väikeses kausis pastaks kokku sinep, petersell, tüümian, rosmariin ja must pipar. Määri sinepi- ja ürdisegu sealiha peale ja külgedele. Tõsta sealiha röstimisse. pane praad ahju; Madalam temperatuur kuni 375°F. Röstige 30–35 minutit või kuni kiirloetav termomeeter näitab rösti keskel 140 °F. Enne viilutamist laske 5–10 minutit seista.

3. Vahepeal sega küüslauguõli jaoks väikeses kastrulis oliiviõli ja küüslauk. Küpseta keskmisel-kõrgel kuumusel 8–10 minutit või kuni küüslauk on kuldne ja hakkab krõbedaks muutuma (ära lase küüslaugul kõrbeda). Eemaldage pliidilt; sega hulka purustatud

punane pipar. sealiha viiludeks; Enne serveerimist
nirista viiludele küüslauguõli.

INDIA MAITSESTATUD SEALIHA KOOKOSPÄHKLI KASTMEGA

3 tl karripulbrit

2 tl soolavaba garam masala

1 tl jahvatatud köömneid

1 tl jahvatatud koriandrit

1 12 untsi sea sisefilee

1 spl oliiviõli

½ tassi naturaalset kookospiima (nagu Nature's Way kaubamärk)

¼ tassi värsket koriandrit

2 spl värsket piparmünti

1. Segage väikeses kausis 2 tl karripulbrit, garam masalat, köömneid ja koriandrit. Lõika sealiha ½ tolli paksusteks viiludeks; Puista peale maitseaineid. .

2. Kuumuta suurel pannil oliiviõli keskmisel-kõrgel kuumusel. Lisa pannile sealihaviilud; Küpseta 7 minutit, keerates üks kord. Eemalda sealiha pannilt. kate soojas hoidmiseks. Kastme jaoks lisa pannile kookospiim ja ülejäänud 1 tl karripulbrit ning sega, et tükid ära kraapida. Hauta 2–3 minutit. Sega hulka koriander ja piparmünt. Lisa sealiha; küpseta läbikuumenemiseni, vala sealihale kaste.

SEALIHA SCALOPPINI MAITSESTATUD ÕUNTE JA KASTANITEGA

ETTEVALMISTUS:Küpseta 20 minutit: Tee 15 minutit: 4 portsjonit

2 12-untsi sea sisefileed

1 spl sibulapulbrit

1 spl küüslaugupulbrit

½ tl musta pipart

2 kuni 4 supilusikatäit oliiviõli

2 Fuji või Pink Lady õuna, kooritud, puhastatud südamikust ja jämedalt tükeldatud

¼ tassi peeneks hakitud šalottsibulat

¾ tl jahvatatud kaneeli

⅛ tl jahvatatud nelki

⅛ tl jahvatatud muskaatpähklit

½ tassi kana kondipuljongit (vtretsept) või ilma soolata kanapuljongit

2 spl värsket sidrunimahla

½ tassi kooritud röstitud kastaneid, hakitud* või hakitud pekanipähklit

1 supilusikatäis nipsutatud värsket salvei

1. Lõika fileed diagonaalselt ½ tolli paksusteks viiludeks. Asetage sealihaviilud kahe kilelehe vahele. Klopi lihavasara lameda küljega õhukeseks. Puista viilud üle sibulapulbri, küüslaugupulbri ja musta pipraga.

2. Kuumuta suurel pannil 2 spl oliiviõli keskmisel-kõrgel kuumusel. Küpseta sealiha partiidena 3–4 minutit,

keerake üks kord ja lisage vajadusel õli. Tõsta sealiha taldrikule; katke kinni ja hoidke soojas.

3. Tõsta kuumus keskmisele-kõrgele. Lisa õunad, šalottsibul, kaneel, nelk ja muskaatpähkel. Keeda ja sega 3 minutit. Sega juurde kanakondipuljong ja sidrunimahl. Katke ja küpseta 5 minutit. Eemaldage pliidilt; Sega juurde kastanid ja salvei. Serveeri õunasegu sealiha peale.

*Märkus: kastanite röstimiseks eelsoojendage ahi temperatuurini 400 °F. Lõika X kastanikoore ühele küljele. See võimaldab keetmise ajal koorel lahti tulla. Aseta kastanid ahjupannile ja rösti 30 minutit või kuni koored pähklitest eralduvad ja pähklid on pehmed. Mähi röstitud kastanid puhta köögirätiku sisse. Eemalda kollakasvalgetelt pähklitelt koor ja nahk.

SEALIHA FAJITA SEGATUD PRAADIMINE

ETTEVALMISTUS:Küpseta 20 minutit: Tee 22 minutit: 4
portsjonit

1 nael sea sisefilee, lõigatud 2-tollisteks ribadeks

3 supilusikatäit soolavaba fajita maitseainet või Mehhiko
maitseainet (vtretsept)

2 spl oliiviõli

1 väike sibul, õhukeselt viilutatud

½ punast paprikat, seemnetest puhastatud ja õhukesteks
viiludeks

½ apelsini paprikat, seemnetest puhastatud ja õhukesteks
viiludeks

1 jalapeño, varrega ja õhukesteks viiludeks (vtvihje)
(Valikuline)

½ tl köömneid

1 tass õhukeselt viilutatud värskeid seeni

3 spl värsket laimimahla

½ tassi hakitud värsket koriandrit

1 avokaado, kivideta, kooritud ja kuubikuteks lõigatud

Soovitud salsa (vtretseptid)

1. Puista sealiha 2 spl fajita maitseainega. Kuumuta eriti
suurel pannil 1 spl õli keskmisel-kõrgel kuumusel. Lisa
pool sealihast; küpseta ja sega umbes 5 minutit või kuni
see ei ole enam roosa. Aseta liha kaussi ja kata soojas
hoidmiseks. Korrake ülejäänud õli ja sealihaga.

2. Seadke kuumus keskmisele tasemele. Lisa ülejäänud 1 spl
fajita maitseainet, sibulat, pipart, jalapeñot ja köömneid.
Küpseta ja sega umbes 10 minutit või kuni köögiviljad
on pehmed. Pange kogu liha ja kogunenud mahlad

99

pannile tagasi. Sega hulka seened ja laimimahl. Küpseta, kuni see on läbi kuumutatud. Tõsta pann pliidilt. Sega juurde koriander. Serveeri avokaado ja valitud salsaga.

SEAFILEE PORTVEINI JA PLOOMIDEGA

ETTEVALMISTUS:10 minutit röstimist: 12 minutit seista: 5 minutit valmistab: 4 portsjonit

PORTVEIN ON KANGENDATUD VEINSEE TÄHENDAB, ET SELLELE ON KÄÄRIMISPROTSESSI PEATAMISEKS LISATUD BRÄNDITAOLIST PIIRITUST. SEE TÄHENDAB, ET SELLES ON ROHKEM JÄÄKSUHKRUT KUI PUNASES LAUAVEINIS JA JÄRELIKULT ON SEE MAGUSAMA MAITSEGA. SEDA EI TAHA IGA PÄEV JUUA, KUID AEG-AJALT NATUKENE TOIDUVALMISTAMISEL KASUTADA ON HEA.

2 12-untsi sea sisefileed

2½ tl jahvatatud koriandrit

¼ tl musta pipart

2 spl oliiviõli

1 šalottsibul, viilutatud

½ tassi portveini

½ tassi kana kondipuljongit (vtretsept) või ilma soolata kanapuljongit

20 kivideta kuivatatud ploomi (ploomid)

½ tl purustatud punast pipart

2 tl viilutatud värsket estragoni

1. Kuumuta ahi temperatuurini 400 °F. Puista sealihale 2 tl koriandrit ja musta pipart.

2. Kuumuta suurel ahjukindlal pannil oliiviõli keskmisel-kõrgel kuumusel. Lisa pannile sisefilee. Pruunista igast küljest ja pruunista ühtlaselt umbes 8 minutit. Pane pann ahju. Röstige kaaneta umbes 12 minutit või seni,

kuni kiirloetav termomeeter näitab rösti keskel 140 °F. Tõsta fileed lõikelauale. Kata alumiiniumfooliumiga ja lase 5 minutit seista.

3. Vahepeal kurna kastme jaoks pannilt rasv, jättes 1 spl. Küpseta šalottsibulat pannil reserveeritud tilkades keskmisel kõrgel kuumusel umbes 3 minutit või kuni need on pruunistunud ja pehmed. Lisa pannile ports. Kuumuta keemiseni ja sega pruunistunud tükkide eemaldamiseks. Lisa kana kondipuljong, ploomid, purustatud punane pipar ja ülejäänud ½ tl koriandrit. Küpseta keskmisel-kõrgel kuumusel umbes 1 kuni 2 minutit, et veidi vähendada. Sega juurde estragon.

4. Viiluta sealiha ja serveeri ploomide ja kastmega.

MOO SHU STIILIS SEALIHA SALATIKAUSSIDES KIIRESTI MARINEERITUD KÖÖGIVILJADEGA

ALGUSEST LÕPUNI:45 minutiga valmistab: 4 portsjonit

KUI TEIL OLI TRADITSIOONILINE MOO SHU ROOGHIINA RESTORANIS TEATE, ET SEE ON SOOLANE LIHA- JA KÖÖGIVILJATÄIDIS, MIDA SÜÜAKSE ÕHUKESTE PANNKOOKIDENA KOOS MAGUSA PLOOMI- VÕI HOISIN-KASTMEGA. SEE KERGEM JA VÄRSKEM PALEOVERSIOON SISALDAB SEALIHA, BOK CHOY JA SHIITAKE SEENI, MIS ON HAUTATUD INGVERIS JA KÜÜSLAUGUS NING MIDA NAUDITAKSE SALATIÜMBRISTES KOOS KRÕBEDA HAPUKURGIGA.

MARINEERITUD KÖÖGIVILJAD
1 tass julienne porgandit
1 tass julienne'iks lõigatud daikon redis
¼ tassi punast sibulat
1 tass magustamata õunamahla
½ tassi õunasiidri äädikat

SEALIHA
2 spl oliiviõli või rafineeritud kookosõli
3 muna, kergelt lahtiklopitud
8 untsi seafilee, lõigatud 2 × ½-tollisteks ribadeks
2 tl hakitud värsket ingverit
4 küüslauguküünt, hakitud
2 tassi õhukeselt viilutatud Napa kapsast
1 tass õhukeselt viilutatud shiitake seeni

¼ tassi õhukeselt viilutatud kevadsibulat

8 Bostoni salatilehte

1. Kiirete hapukurkide jaoks segage suures kausis kokku porgand, daikon ja sibul. Soolvee jaoks kuumuta potis õunamahla ja äädikat, kuni aur tõuseb. Vala soolvesi kaussi köögiviljadele; katke ja jahutage kuni serveerimiseks.

2. Kuumuta suurel pannil 1 spl õli keskmisel-kõrgel kuumusel. Klopi munad vispliga kergelt lahti. pane pannile munad; küpseta, segamata, kuni põhja on hangunud, umbes 3 minutit. Pöörake muna painduva spaatliga ettevaatlikult ümber ja küpsetage teiselt poolt. Libista muna pannilt taldrikule.

3. Kuumuta pann uuesti kuumenema. lisa ülejäänud 1 spl õli. Lisa sealiharibad, ingver ja küüslauk. Küpseta ja segage keskmisel kõrgel kuumusel umbes 4 minutit või kuni sealiha pole enam roosa. Lisage kapsas ja seened; küpseta segades umbes 4 minutit või kuni kapsas on närbunud, seened pehmed ja sealiha läbi küpsenud. Tõsta pann pliidilt. Keedumuna lõika ribadeks. Sega munaribad ja talisibul õrnalt sealihasegusse. Serveeri salatilehtedes ja tõsta peale marineeritud juurvilju.

SEAKARBONAAD MAKADAAMIATE, SALVEI, VIIGIMARJADE JA BATAADIPÜREEGA

ETTEVALMISTUS:Küpseta 15 minutit: Tee 25 minutit: 4 portsjonit

SEOTUD BATAADIPÜREEGA,NEED MAHLAKAD SALVEI KOOREGA KOTLETID SOBIVAD SUUREPÄRASELT SÜGISESEKS SÖÖGIKS – JA NEED ON KIIRELT PARANDATAVAD, MISTÕTTU ON NEED IDEAALSED KIIREKS NÄDALAKS.

4 kondita sea seljatükki, 1¼ tolli paksusteks viiludeks

3 supilusikatäit tõmmatud värsket salvei

¼ tl musta pipart

3 supilusikatäit makadaamiapähkliõli

2 naela maguskartulit, kooritud ja 1-tollisteks tükkideks lõigatud

¾ tassi hakitud makadaamiapähkleid

½ tassi hakitud kuivatatud viigimarju

⅓ tassi veiselihapuljongit (vtretsept) või veiselihapuljongit ilma soola lisamata

1 spl värsket sidrunimahla

1. Puista sealiha kotlette mõlemale poolele 2 spl salvei ja pipraga. hõõruge sõrmedega. Kuumuta suurel pannil 2 spl õli keskmisel-kõrgel kuumusel. Lisa pannile karbonaad; Küpseta 15–20 minutit või kuni valmis (145 °F), keerates seda poole küpsetamise ajal üks kord. Tõsta karbonaad taldrikule; kate soojas hoidmiseks.

2. Viska suures kastrulis kokku bataat ja nii palju vett, et see kataks. lase keema tõusta; Vähendage kuumust. Kata

kaanega ja hauta 10–15 minutit või kuni kartulid on pehmed. Nõruta kartulid. Lisa ülejäänud supilusikatäis makadaamiaõli kartulitele ja püreesta kreemjaks. soojas hoida.

3. Kastme jaoks lisa pannile makadaamiapähkleid. Küpseta keskmisel kuumusel kuni röstimiseni. Lisa kuivatatud viigimarjad ja ülejäänud 1 supilusikatäis salvei; Lase 30 sekundit küpseda. Lisa pannile veiselihapuljong ja sidrunimahl ning sega pruunistunud tükkide eemaldamiseks. Vala kaste sealihale ja serveeri koos bataadipüreega.

RÖSTITUD ROSMARIINI-LAVENDLI SEALIHAKOTLETID

VIINAMARJADE JA RÖSTITUD KREEKA PÄHKLITEGA

ETTEVALMISTUS:Keeda 10 minutit: praadida 6 minutit: teha 25 minutit: 4 portsjonit

RÖSTI VIINAMARJAD KOOS SEALIHAGATUGEVDAB NENDE MAITSET JA MAGUSUST. KOOS KRÕMPSUVATE RÖSTITUD KREEKA PÄHKLITE JA PUISTATA VÄRSKE ROSMARIINIGA ANNAVAD NEED NENDELE RAMMUSATELE KARBONAADILE SUUREPÄRASE KATTE.

2 supilusikatäit hakitud värsket rosmariini

1 supilusikatäis värsket lavendlit

½ tl küüslaugupulbrit

½ tl musta pipart

4 seafilee karbonaad, viilutatud 1¼ tolli paksuseks (umbes 3 naela)

1 spl oliiviõli

1 suur šalottsibul, õhukeselt viilutatud

1½ tassi punaseid ja/või rohelisi seemneteta viinamarju

½ tassi kuiva valget veini

¾ tassi jämedalt hakitud kreeka pähkleid

Tükelda värske rosmariin

1. Kuumuta ahi temperatuurini 375 °F. Segage väikeses kausis 2 supilusikatäit rosmariini, lavendlit, küüslaugupulbrit ja pipart. Hõõru ürdisegu ühtlaselt seakarbonaadi sisse. Kuumuta eriti suurel ahjukindlal pannil oliiviõli keskmisel-kõrgel kuumusel. Lisa pannile karbonaad; Küpseta 6–8 minutit või kuni mõlemalt

küljelt on pruun. Tõsta karbonaad taldrikule; Kata fooliumiga.

2. Lisa pannile šalottsibul. Keeda ja sega keskmisel kuumusel 1 minut. Lisa viinamarjad ja vein. Küpseta veel 2 minutit, segades pruunistunud tükkide eemaldamiseks. Tõsta sealihakotletid pannile tagasi. Pane pann ahju. Röstige 25–30 minutit või kuni karbonaad on valmis (145 °F).

3. Vahepeal laota kreeka pähklid madalasse ahjuvormi. Pane koos karbonaadiga ahju. Röstige umbes 8 minutit või kuni röstimiseni, segades üks kord ühtlaseks röstimiseks.

4. Serveerimiseks pane peale sealihakarbonaad viinamarjade ja röstitud kreeka pähklitega. Puista peale veel värsket rosmariini.

SEAKARBONAAD ALLA FIORENTINA GRILLITUD BROKKOLIGA RABE

ETTEVALMISTUS:20 minutit grillimine: 20 minutit marineerimine: 3 minutit teeb: 4 portsjonitFOTO

"ALLA FIORENTINA"MIS TÄHENDAB SISULISELT "FIRENZE STIILIS". SELLE RETSEPTI ALUSEKS ON BISTECCA ALLA FIORENTINA, PUUSÜTTEL GRILLITUD TOSCANA T-KUJULINE LUU, MILLEL ON KÕIGE LIHTSAMAD MAITSED – LÕPETUSEKS PIISAB TAVALISELT OLIIVIÕLI, SOOLA, MUSTA PIPRA JA NÄPUOTSAGA VÄRSKET SIDRUNIT.

1 nael brokkoli rabe

1 spl oliiviõli

4 6–8 untsi kondiga seafilee karbonaad, 1½–2 tolli paksusteks viiludeks

Jämedalt jahvatatud must pipar

1 sidrun

4 küüslaugurküünt, õhukeselt viilutatud

2 supilusikatäit hakitud värsket rosmariini

6 värsket salveilehte, hakitud

1 tl purustatud punase pipra helbeid (või maitse järgi)

½ tassi oliiviõli

1. Blanšeerige brokkoli Rabe keevas vees suures kastrulis 1 minut. Viige kohe jäävee kaussi. Kui spargelkapsas on jahtunud, nõrutage see paberrätikuga vooderdatud ahjuplaadile ja kuivatage täiendavate paberrätikutega võimalikult kuivaks. Eemaldage paberrätikud küpsetusplaadilt. Nirista brokkoli Rabe 1 spl oliiviõliga

ja viska katteks. tõsta kõrvale, kuni olete grillimiseks valmis.

2. Puista sealiha mõlemale poolele jämedalt jahvatatud pipraga. kõrvale panema. Köögiviljakoorija abil eemalda sidrunilt kooreribad (säilita sidrun muuks kasutuseks). Puista sidrunikoore ribad, hakitud küüslauk, rosmariin, salvei ja purustatud punane pipar suurele serveerimisvaagnale; kõrvale panema.

3. Söegrilli puhul tõsta suurem osa kuumadest söest grilli ühele küljele ja jäta osa süsi grilli teise poole alla. Prae karbonaad otse kuumade süte kohal 2–3 minutit või kuni moodustub pruun koorik. Keera karbonaad ümber ja prae teist poolt veel 2 minutit. Liiguta kotletid grilli teisele poole. Katke ja grillige 10–15 minutit või kuni valmis (145 °F). (Gaasigrilli puhul soojenda grill; alanda grilli ühel küljel kuumust keskmisele. Küpseta karbonaad kõrgel kuumusel nagu ülal. Liigu grilli keskmisele küljele; jätka nagu ülal.)

4. Tõsta karbonaad taldrikule. Nirista kotletid ½ tassi oliiviõliga ja keera mõlemalt poolt katteks. Enne serveerimist laske karbonaadil 3–5 minutit marineerida, keerake üks või kaks korda, et liha saaks sidrunikoore, küüslaugu ja ürtide maitsega.

5. Kotletite puhkamise ajal grillige brokkoli Rabe, et see kergelt söestuks ja kuumeneks läbi. Serveeri brokkoli Rabe vaagnale sealihakarbonaadiga; Enne serveerimist vala igale karbonaadile ja brokkolirabele veidi marinaadi.

110

SUITSUTATUD BEEBI SELJARIBID ÕUNASINEPIMOPI KASTMEGA

LEOTAMINE:1 tund Seisuaeg: 15 minutit Suitsutamine: 4 tundi Küpsetusaeg: 20 minutit Valmistamine: 4 portsjonitFOTO

RIKKALIK MAITSE JA LIHANE TEKSTUURSUITSURIBI PUHUL MIDAGI LAHEDAT JA KRÕBEDAT. PEAAEGU IGA KAPSASALAT SOBIB, KUID APTEEGITILLI KAPSASALAT (VTRETSEPTJA PILDILSIIN) ON ERITI HEA.

RIBID
8 kuni 10 õuna- või hikkoripulka
3–3½ naela sealiha seljaribi
¼ tassi suitsumaitseainet (vtretsept)

KASTE
1 keskmine keeduõun, kooritud, puhastatud südamikust ja õhukesteks viiludeks
¼ tassi hakitud sibulat
¼ tassi vett
¼ tassi õunasiidri äädikat
2 spl Dijoni stiilis sinepit (vtretsept)
2 kuni 3 supilusikatäit vett

1. Leotage palke vähemalt 1 tund enne suitsetamist piisavas koguses vees, et need oleksid kaetud. Enne kasutamist kurnata. Lõika ribidelt ära nähtav rasv. Vajadusel koori ribide tagaküljelt õhuke membraan maha. Asetage ribid suurele madalale pannile. Puista ühtlaselt suitsumaitseainega; hõõruge sõrmedega. Jäta toatemperatuurile 15 minutiks.

2. Asetage suitsuahjus eelsoojendatud söed, nõrutatud puutükid ja pann vett vastavalt tootja juhistele. Vala pannile vesi. Asetage ribid, kondiga pool allapoole, veepanni kohale keedurestile. (Või asetage ribid ribirestile; asetage ribirest küpsetusrestile.) Katke ja suitsutage 2 tundi. Suitsetamise ajal hoidke suitsetamisahjus temperatuuri umbes 22 °C. Temperatuuri ja niiskuse säilitamiseks lisage vajadusel täiendavalt sütt ja vett.

3. Vahepeal segage väikeses kastrulis mopikastme jaoks õunaviilud, sibul ja ¼ tassi vett. lase keema tõusta; Vähendage kuumust. Kata kaanega ja hauta 10–12 minutit või kuni õunaviilud on väga pehmed, aeg-ajalt segades. Lase veidi jahtuda; Tõsta nõrutamata õun ja sibul köögikombaini või blenderisse. Kata ja töötle või sega ühtlaseks. Pane püree tagasi potti. Sega juurde äädikas ja sinep, Dijoni stiilis. Küpseta keskmisel-kõrgel kuumusel 5 minutit, aeg-ajalt segades. Lisa 2–3 supilusikatäit vett (või rohkem vastavalt vajadusele), et anda kastmele vinegreti konsistents. Jaga kaste kolmandikuks.

4. 2 tunni pärast pintselda ribisid ohtralt kolmandiku mopikastmega. Katke ja suitsutage veel 1 tund. Pintselda uuesti kolmandiku mopikastmega. Mähi iga ribileht raskesse fooliumisse, aseta ribid tagasi suitsuahjule, vajadusel virna neid üksteise peale. Katke ja suitsetage veel 1–1,5 tundi või kuni ribid on pehmed.
*

5. Keera ribid lahti ja pintselda ülejäänud kolmandikuga pühkikastmega. Serveerimiseks viiluta ribid kontide vahel.

*Nõuanne: ribide tundlikkuse testimiseks eemaldage ettevaatlikult ühelt ribiplaadilt foolium. Võtke ribilaud tangidega üles ja hoidke plaati laua ülemisest veerandist. Pöörake soonikulauda nii, et lihane pool jääks allapoole. Kui ribid on õrnad, peaks plaat selle ülesvõtmisel lagunema. Kui see pole pehme, mähkige uuesti fooliumisse ja jätkake ribide suitsutamist, kuni need on pehmed.

AHJU BBQ MAALÄHEDASED SEARIBID VÄRSKE ANANASSIGA

ETTEVALMISTUS:Küpsetamine 20 minutit: Küpsetamine 8 minutit: 1 tund 15 minutit Teeb: 4 portsjonit

MAALÄHEDASED SEARIBID ON LIHAKAD,ODAV JA ÕIGEL KÄSITSEMISEL – NAGU SEDA AEGLASELT JA AEGLASELT KÜPSETADES GRILLIKASTMES – MUUTUB SUUSSULAVAKS.

2 naela kondita maalähedases stiilis searibi

¼ tl musta pipart

1 spl rafineeritud kookosõli

½ tassi värsket apelsinimahla

1½ tassi BBQ-kastet (vtretsept)

3 tassi hakitud lehtkapsast ja/või punast kapsast

1 tass hakitud porgandit

2 tassi peeneks hakitud ananassi

⅓ tassi Bright Citrus Vinaigrette (vtretsept)

BBQ-kaste (vtretsept) (Valikuline)

1. Kuumuta ahi temperatuurini 350 °F. Puista sealiha pipraga. Kuumuta eriti suurel pannil keskmisel-kõrgel kuumusel kookosõli. Lisa searibid; Küpseta 8–10 minutit või kuni see on pruunistunud ja ühtlaselt pruunistunud. Asetage ribid 3-liitrisesse ristkülikukujulisse pajanõusse.

2. Kastme jaoks lisa pannile apelsinimahl ja sega pruunistunud tükkide eemaldamiseks. Sega juurde 1½ tassi BBQ-kastet. Vala kaste ribidele. Pöörake ribisid, et need kastmega katta (vajadusel kasutage

kondiitripintslit, et kastmega ribid üle pintseldada).
Kata ahjupann tihedalt alumiiniumfooliumiga.

3. Küpseta ribisid 1 tund. Eemalda foolium ja pintselda ribid kastmega vormist välja. Küpseta veel umbes 15 minutit või kuni ribid on pehmed ja pruunid ning kaste veidi paksenenud.

4. Vahepeal ühendage Ananassi Slaw jaoks kapsas, porgand, ananass ja Bright Citrus Vinaigrette. Kata ja hoia serveerimiseni külmkapis.

5. Serveeri ribi koos kapsasalati ja soovi korral täiendava BBQ-kastmega.

VÜRTSIKAS SEALIHA GULJAŠŠ

ETTEVALMISTUS:Küpseta 20 minutit: Tee 40 minutit: 6 portsjonit

SEDA UNGARI STIILIS HAUTIST SERVEERITAKSEKRÕBEDA, VAEVU NÄRTSINUD KAPSA PEENRAL ROA JAOKS. PURUSTA KÖÖMNED UHMRIS JA UHMRIS, KUI SUL ON. KUI EI, SIIS PURUSTAGE NEED KOKANOA LAIUSE ALL, VAJUTADES NUGA ÕRNALT RUSIKAGA ALLA.

GULJAŠŠ
  1½ naela jahvatatud sealiha
  2 tassi hakitud punast, oranži ja/või kollast paprikat
  ¾ tassi peeneks hakitud punast sibulat
  1 väike värske punane tšilli, seemnetest puhastatud ja
    peeneks hakitud (vtvihje)
  4 tl suitsumaitseainet (vtretsept)
  1 tl köömneid, purustatud
  ¼ tl jahvatatud majoraani või pune
  1 14-untsine purk soolamata kuubikuteks lõigatud
    tomateid, soolamata
  2 spl punase veini äädikat
  1 spl peeneks hakitud sidrunikoort
  ⅓ tassi hakitud värsket peterselli

KAPSAS
  2 spl oliiviõli
  1 keskmine sibul, viilutatud
  1 väike rohelise või punase kapsa pea, südamikust
    puhastatud ja õhukesteks viiludeks lõigatud

1. Guljašši jaoks küpseta suures Hollandi ahjus sealiha,
   paprikat ja sibulat puulusikaga segades keskmisel
   kõrgel kuumusel 8–10 minutit või seni, kuni sealiha
   pole enam roosa ja köögiviljad on krõbedad-mahlad.
   liha purustada. Kurna rasv ära. vähendage kuumust
   madalaks; Lisa punane tšilli, suitsumaitseaine, köömned
   ja majoraan. Katke ja küpseta 10 minutit. Lisa
   nõrutamata tomatid ja äädikas. lase keema tõusta;
   Vähendage kuumust. Hauta kaane all 20 minutit.

2. Samal ajal kuumuta kapsa jaoks eriti suurel pannil
   keskmisel-kõrgel kuumusel õli. Lisa sibul ja küpseta,
   kuni see on pehme, umbes 2 minutit. Lisa kapsas; sega
   kokku. Vähendage kuumust. Küpseta umbes 8 minutit
   või kuni kapsas on pehme, aeg-ajalt segades.

3. Serveerimiseks tõsta taldrikule veidi kapsasegu. Kata
   guljaššiga ning puista peale sidrunikoort ja peterselli.

ITAALIA VORSTILIHAPALLID MARINARA VIILUTATUD

APTEEGITILLI JA PRAETUD SIBULAGA

ETTEVALMISTUS:Küpseta 30 minutit: küpseta 30 minutit: valmista 40 minutit: 4 kuni 6 portsjonit

SEE RETSEPT ON HARULDANE NÄIDEKONSERVEERITUD TOOTEST, MIS TOIMIB SAMA HÄSTI KUI – KUI MITTE PAREM KUI – VÄRSKE VERSIOON. KUI TEIL POLE JUST VÄGA-VÄGA KÜPSEID TOMATEID, EI SAA TE VÄRSKETE TOMATITEGA KASTMES NII HEAD KONSISTENTSI KUI KONSERVTOMATIGA. LIHTSALT VEENDUGE, ET KASUTATE TOODET, MILLELE POLE LISATUD SOOLA – JA MIS VEELGI PAREM, ORGAANILIST.

LIHAPALLID
2 suurt muna

½ tassi mandlijahu

8 küüslauguküünt, hakitud

6 spl kuiva valget veini

1 supilusikatäis paprikat

2 tl musta pipart

1 tl apteegitilli seemneid, kergelt purustatud

1 tl kuivatatud pune, purustatud

1 tl kuivatatud tüümiani, hakitud

¼ kuni ½ tl Cayenne'i pipart

1½ naela jahvatatud sealiha

MARINARA
2 spl oliiviõli

2 15-untsi purki soolamata tükeldatud tomateid või üks 28-untsine purk soolamata tükeldatud tomateid

½ tassi hakitud värsket basiilikut

3 keskmist apteegitilli sibulat, poolitatud, seemnetest eemaldatud ja õhukesteks viiludeks

1 suur magus sibul poolitatuna ja õhukesteks viiludeks

1. Kuumuta ahi temperatuurini 375 °F. Vooderda suur ahjuplaat küpsetuspaberiga. kõrvale panema. Vahusta suures kausis munad, mandlijahu, 6 hakitud küüslauguküünt, 3 spl veini, paprika, 1½ tl musta pipart, apteegitilli seemned, pune, tüümian ja cayenne'i pipar. Lisa sealiha; sega hästi. Vormi sealihasegust 1½-tollised lihapallid (peaks olema umbes 24 lihapalli); Laota ühe kihina ettevalmistatud ahjuplaadile. Küpseta umbes 30 minutit või kuni see on kergelt pruunistunud, keerates küpsetamise ajal üks kord.

2. Samal ajal kuumuta marinara kastme jaoks 4-6-liitrises ahjus 1 spl oliiviõli. Lisage 2 ülejäänud hakitud küüslauguküünt; küpseta umbes 1 minut või kuni hakkab just pruunistuma. Lisa kiiresti ülejäänud 3 supilusikatäit veini, tükeldatud tomatid ja basiilik. lase keema tõusta; Vähendage kuumust. Hauta kaaneta 5 minutit. Sega keedetud lihapallid õrnalt marinara kastmesse. Kata kaanega ja hauta 25–30 minutit.

3. Kuumuta suurel pannil keskmisel-kõrgel kuumusel ülejäänud 1 spl oliiviõli. Sega juurde viilutatud apteegitill ja sibul. Küpseta sageli segades 8–10 minutit või kuni see on pehme ja kergelt pruunistunud. Maitsesta ülejäänud ½ tl musta pipraga. Serveeri lihapallid ja marinara kaste apteegitilli ja sibula prae peale.

SEALIHA TÄIDISEGA SUVIKÕRVITSA PAADID BASIILIKU JA SEEDERMÄNNIPÄHKLITEGA

ETTEVALMISTUS:Küpseta 20 minutit: küpseta 22 minutit: valmista 20 minutit: 4 portsjonit

SEE LÕBUS ROOG MEELDIB LASTELEÕÕNESTATUD SUVIKÕRVITS, MIS ON TÄIDETUD SEAHAKKLIHA, TOMATI JA PAPRIKAGA. SOOVI KORRAL SEGA SISSE 3 SPL BASIILIKUPESTOT (VTRETSEPT) VÄRSKE BASIILIKU, PETERSELLI JA PIINIASEEMNETE ASEMEL.

2 keskmist suvikõrvitsat

1 spl ekstra neitsioliiviõli

12 untsi jahvatatud sealiha

¾ tassi hakitud sibulat

2 küüslauguküünt, hakitud

1 tass hakitud tomateid

⅔ tassi peeneks hakitud kollast või oranži paprikat

1 tl apteegitilli seemneid, kergelt purustatud

½ tl purustatud punase pipra helbeid

¼ tassi hakitud värsket basiilikut

3 supilusikatäit hakitud värsket peterselli

2 spl piiniaseemneid, röstitud (vtvihje) ja jämedalt hakitud

1 tl peeneks hakitud sidrunikoort

1. Kuumuta ahi temperatuurini 350 °F. Poolita suvikõrvits pikuti ja kraabi keskelt õrnalt välja, jättes ¼-tollise paksuse naha. Haki suvikõrvitsa viljaliha jämedalt ja tõsta kõrvale. Aseta suvikõrvitsapoolikud, küljed üleval, fooliumiga kaetud ahjuplaadile.

2. Täidise jaoks kuumuta oliiviõli suurel pannil keskmisel-kõrgel kuumusel. Lisa sealiha; küpseta, kuni see ei ole enam roosa, segades puulusikaga, et viljaliha laguneks. Kurna rasv ära. Vähenda kuumust keskmisele. Lisage reserveeritud suvikõrvitsa viljaliha, sibul ja küüslauk; küpseta ja sega umbes 8 minutit või kuni sibul on pehme. Sega hulka tomatid, paprika, apteegitilli seemned ja purustatud punane pipar. Küpseta umbes 10 minutit või kuni tomatid on pehmed ja hakkavad lagunema. Tõsta pann pliidilt. Sega juurde basiilik, petersell, piiniapähklid ja sidrunikoor. Jaga täidis suvikõrvitsakoorte vahel ja kuhja need kergelt kokku. Küpseta 20–25 minutit või kuni suvikõrvitsakoored on krõbedad.

KARRI SEALIHA ANANASSI NUUDLIKOORED KOOKOSPIIMA JA ÜRTIDEGA

ETTEVALMISTUS:Küpseta 30 minutit: küpseta 15 minutit: valmista 40 minutit: 4 portsjonitFOTO

1 suur spagetikõrvits

2 spl rafineeritud kookosõli

1 nael jahvatatud sealiha

2 supilusikatäit peeneks hakitud rohelist sibulat

2 spl värsket laimimahla

1 spl hakitud värsket ingverit

6 küüslauguküünt, hakitud

1 spl hakitud sidrunheina

1 spl Tai stiilis soolamata punase karri pulbrit

1 tass hakitud punast paprikat

1 tass hakitud sibulat

½ tassi porgandit, julieneeritud

1 baby bok choy, viilutatud (3 tassi)

1 tass viilutatud värskeid seeni

1 või 2 Tai linnutšillit õhukesteks viiludeks (vtvihje)

1 13,5 untsi purk naturaalset kookospiima (nagu Nature's Way)

½ tassi kana kondipuljongit (vtretsept) või ilma soolata kanapuljongit

¼ tassi värsket ananassimahla

3 supilusikatäit soolata india pähklivõid, millele pole lisatud õli

1 tass värsket ananassi kuubikuteks, kuubikuteks
laimi viilud
Värske koriander, piparmünt ja/või Tai basiilik
Tükeldatud röstitud india pähklid

1. Kuumuta ahi temperatuurini 400 °F. Küpseta
   spagettikõrvitsat mikrolaineahjus kõrgel kuumusel 3
   minutit. Lõika kõrvits ettevaatlikult pikuti pooleks ja
   kraabi seemned välja. Hõõru 1 supilusikatäis kookosõli
   kõrvitsa viilutatud külgedele. Aseta kõrvitsapoolikud,
   küljed allpool, ahjuplaadile. Küpseta 40–50 minutit või
   kuni kõrvitsa saab noaga kergesti läbi torgata.
   Kasutades kahvli piid, kraabi liha koortelt maha ja hoia
   serveerimiseni soojas.

2. Sega keskmises kausis sealiha, talisibul, laimimahl,
   ingver, küüslauk, sidrunhein ja karripulber. sega hästi.
   Kuumuta eriti suurel pannil keskmisel-kõrgel kuumusel
   ülejäänud 1 spl kookosõli. Lisa sealiha segu; küpseta,
   kuni see ei ole enam roosa, segades puulusikaga, et
   viljaliha laguneks. Lisage paprika, sibul ja porgand;
   küpseta ja sega umbes 3 minutit või kuni köögiviljad on
   krõbedad pehmed. Segage bok choy, seened, tšilli,
   kookospiim, kanapuljong, ananassimahl ja india
   pähklivõi. lase keema tõusta; Vähendage kuumust. Lisa
   ananass; Hauta kaaneta kuni läbikuumenemiseni.

3. Serveerimiseks jaga spagetikõrvits nelja serveerimiskausi
   vahel. Tõsta karri sealiha squashi peale. Serveeri
   laimiviilude, ürtide ja india pähklitega.

VÜRTSIKAD GRILLITUD SEALIHAKOTLETID VÜRTSIKA KURGISALATIGA

ETTEVALMISTUS:30 minutit Grill: 10 minutit seista: 10 minutit valmistab: 4 portsjonit

KRÕBE KURGI SALATVÄRSKE PIPARMÜNDIGA MAITSESTATUD ON JAHUTAV JA VÄRSKENDAV LISAND MAITSEKATELE SEALIHABURGERITELE.

⅓ tassi oliiviõli

¼ tassi hakitud värsket piparmünti

3 spl valge veini äädikat

8 küüslauguküünt, hakitud

¼ tl musta pipart

2 keskmist kurki, väga õhukesteks viiludeks

1 väike sibul, õhukeselt viilutatud (umbes ½ tassi)

1¼ kuni 1½ naela jahvatatud sealiha

¼ tassi hakitud värsket koriandrit

1 kuni 2 keskmiselt värsket jalapeño või serrano tšillit, seemnetest (soovi korral) ja peeneks hakitud (vtvihje)

2 keskmist punast paprikat, seemnetest puhastatud ja neljaks lõigatud

2 tl oliiviõli

1. Vahusta suures kausis ⅓ tassi oliiviõli, piparmünt, äädikat, 2 hakitud küüslauguküünt ja must pipar. Lisa viilutatud kurgid ja sibul. Viska, kuni kõik on hästi kaetud. Katke ja jahutage kuni serveerimiseks, segades üks või kaks korda.

2. Segage suures kausis sealiha, koriander, tšillipipar ja
   ülejäänud 6 hakitud küüslauguküünt. Vormi neljaks ¾
   tolli paksuseks pätsiks. Pintselda paprika neljandikku
   kergelt 2 tl oliiviõliga.

3. Söe- või gaasigrilli jaoks asetage pätsikesed ja paprikad
   otse keskmisele-kõrgele kuumusele. Katke ja grillige,
   kuni sealihakotlettide külgedele sisestatud kiirloetav
   termomeeter näitab 160 °F ja pipraveerandid on
   pehmed ja kergelt söestunud. Oodake kotletite puhul
   10–12 minutit ja paprikaveeranditega 8–10 minutit.

4. Kui paprikaveerandid on valmis, mähkige need
   fooliumitüki sisse, et need täielikult ümbritseda. Laske
   seista umbes 10 minutit või kuni see on piisavalt
   jahtunud. Koori piprakoored terava noaga ettevaatlikult
   ära. Lõika paprika veerandid pikuti õhukesteks
   viiludeks.

5. Serveerimiseks sega kurgisalatit ja jaga ühtlaselt nelja
   suure serveerimistaldriku vahel. Lisa igale taldrikule
   sealihakotlet. Lao pipraviilud ühtlaselt pätsikeste peale.

SUVIKÕRVITSA KOOREGA PITSA PÄIKESEKUIVATATUD TOMATI PESTO, PAPRIKA JA ITAALIA VORSTIGA

ETTEVALMISTUS:30 minutit küpsetamist: 15 minutit küpsetamist: 30 minutit valmistab: 4 portsjonit

SEE ON NOA JA KAHVLIGA PITSA.KINDLASTI SURU VORST JA PAPRIKA KERGELT PESTOGA KAETUD KOORE SISSE, ET KATTED JÄÄKSID PIISAVALT KINNI, ET PITSA SAAKS KORRALIKULT VIILUTATUD.

2 spl oliiviõli

1 spl peeneks jahvatatud mandleid

1 suur muna, kergelt lahti klopitud

½ tassi mandlijahu

1 supilusikatäis värsket pune

¼ tl musta pipart

3 küüslauguküünt, hakitud

3½ tassi hakitud suvikõrvitsat (2 keskmist)

Itaalia vorst (vtretsept, allpool)

1 spl ekstra neitsioliiviõli

1 paprika (kollane, punane või poolik), seemnetest puhastatud ja väga õhukesteks ribadeks lõigatud

1 väike sibul, õhukeselt viilutatud

Päikesekuivatatud tomati pesto (vtretsept, allpool)

1. Kuumuta ahi temperatuurini 425 °F. Pintselda 12-tolline pitsapann 2 spl oliiviõliga. Puista peale jahvatatud mandleid. kõrvale panema.

2. Kooriku jaoks vahusta suures kausis muna, mandlijahu, pune, must pipar ja küüslauk. Asetage tükeldatud

127

suvikõrvits puhta rätiku või marlitüki sisse. Pakkige tihedalt kinni

SUITSUTATUD SIDRUNI KORIANDER LAMBAKOIB GRILLITUD SPARGLIGA

LEOTAMINE:30 minutit Valmistamine: 20 minutit Grill: 45 minutit Seis: 10 minutit Valmistamine: 6 kuni 8 portsjonit

SEE ROOG ON LIHTNE, KUID ELEGANTNEKAKS KOOSTISAINET, MIS TULEVAD KEVADEL ISEENESEST – LAMBALIHA JA SPARGEL. KORIANDRISEEMNETE RÖSTIMINE SUURENDAB SOOJA, MAALÄHEDAST, KERGELT VÜRTSIKAT MAITSET.

1 tass hikkori puiduhakke

2 spl koriandri seemneid

2 spl peeneks hakitud sidrunikoort

1½ tl musta pipart

2 spl hakitud värsket tüümiani

1 2–3-naeline kondita lamba sääreosa

2 kimp värsket sparglit

1 spl oliiviõli

¼ tl musta pipart

1 sidrun, neljaks lõigatud

1. Vähemalt 30 minutit enne suitsetamist leotage hikkorikrõpsud kausis nii palju vett, et need oleksid kaetud. kõrvale panema. Röstige koriandri seemneid väikesel pannil keskmisel-kõrgel kuumusel, sageli segades, umbes 2 minutit või kuni lõhnavad ja pragunevad. Eemaldage pannilt seemned. lase jahtuda. Kui seemned on jahtunud, purusta uhmris jämedalt pudruks (või aseta seemned lõikelauale ja pudrusta

puulusika seljaga). Sega väikeses kausis kokku purustatud koriandriseemned, sidrunikoor, 1½ tl pipart ja tüümian. kõrvale panema.

2. Eemaldage lambapraalt võrk, kui see on olemas. Avage praad tööpinnal, rasvane pool allpool. Puista pool vürtsisegust lihale. hõõruge sõrmedega. Rullige praad kokku ja siduge nelja kuni kuue 100% puuvillase kööginööriga. Puista ülejäänud maitseainesegu rösti välisküljele, vajuta kergelt kinni.

3. Söegrilli jaoks aseta tilgapanni ümber keskmiselt kuumad söed. Kontrollige pannil keskmise kuumusega. Puista kuivendatud puidulaastud söe peale laiali. Asetage lambapraad tilkumisaluse kohal olevale küpsetusrestile. Katke ja suitsutage keskmisel kuumusel 40–50 minutit. (Gaasigrilli puhul eelkuumutage grill. Alandage kuumust keskmisele madalale. Seadke kaudseks küpsetamiseks. Suitsutage nagu ülal, välja arvatud juhul, kui lisage tootja juhiste järgi kuivatatud puiduhake.) Kata praad lõdvalt fooliumiga. Enne viilutamist laske 10 minutit seista.

4. Vahepeal lõika spargli puitunud otsad ära. Viska suures kausis spargel koos oliiviõli ja ¼ teelusikatäie pipraga. Asetage spargel ümber grilli välisservade, otse söe kohale ja risti grillrestiga. Katke ja grillige, kuni see on krõbe ja pehme, 5–6 minutit. Pigista sparglile sidruniviilud.

5. Eemalda lambapraedelt nöör ja lõika liha õhukesteks viiludeks. Serveeri liha grillitud spargliga.

LAMBA KUUM POTT

ETTEVALMISTUS:30 minutit keetmist: 2 tundi 40 minutit teeb:
4 portsjonit

SOOJENDAGE SELLE RAMMUSA HAUTISEGASÜGIS- VÕI
TALVEÖÖL. HAUTIST SERVEERITAKSE SAMETISE SELLERI- JA
PASTINAAGIPUDRUGA, MIS ON MAITSESTATUD DIJONI STIILIS
SINEPI, INDIA PÄHKLI KREEMI JA MURULAUGUGA. MÄRKUS.
SELLERIJUURT NIMETATAKSE MÕNIKORD SELLERIKS.

10 tera musta pipart

6 salvei lehte

3 tervet vürtspipart

2 2-tollist apelsinikoore riba

2 naela kondita lambaõlg

3 supilusikatäit oliiviõli

2 keskmist sibulat, jämedalt hakitud

1 14,5 untsi tomatikonservi, ilma soolata, kuivatamata

1½ tassi veiselihapuljongit (vtretsept) või
veiselihapuljongit ilma soola lisamata

¾ tassi kuiva valget veini

3 suurt küüslauguküünt, purustatud ja kooritud

2 naela sellerijuurt, kooritud ja lõigatud 1-tollisteks
kuubikuteks

6 keskmist pastinaaki, kooritud ja lõigatud 1-tollisteks
viiludeks (umbes 2 naela)

2 spl oliiviõli

2 spl india pähkli koort (vtretsept)

1 spl Dijoni stiilis sinepit (vtretsept)

¼ tassi murulauku

1. Lõika 7-tolline marli ruudukujuline kimp garni jaoks. Asetage pipraterad, salvei, piment ja apelsinikoor marli keskele. Tõstke marli nurgad üles ja siduge need puhta 100% puuvillase kööginööriga. Kõrvale panema.

2. Kärbi rasva lamba abalt; Lõika lambaliha 1-tollisteks tükkideks. Kuumutage Hollandi ahjus 3 supilusikatäit oliiviõli keskmisel-kõrgel kuumusel. Küpseta lambaliha, vajadusel partiidena kuumas õlis pruuniks; Eemalda pannilt ja hoia soojas. Lisa pannile sibul; Küpseta 5–8 minutit või kuni see on pehme ja kergelt pruunistunud. Lisage garnibukett, nõrutamata tomatid, 1¼ tassi veiselihapuljongit, vein ja küüslauk. lase keema tõusta; Vähendage kuumust. Hauta kaane all 2 tundi, aeg-ajalt segades. Eemaldage ja visake kimp garni.

3. Vahepeal lisa suurde supipotti pudruks juurseller ja pastinaak; Katke veega. Kuumuta keskmisel-kõrgel kuumusel keemiseni; Vähendage kuumust madalaks. Kata kaanega ja hauta tasasel tulel 30–40 minutit või kuni köögiviljad on kahvliga läbitorkamisel väga pehmed. äravool; Aseta köögiviljad köögikombaini. Lisa ülejäänud ¼ tassi veiselihapuljong ja 2 supilusikatäit õli; Pulseerige, kuni mesi on peaaegu ühtlane, kuid sellel on siiski teatud tekstuur. Peatage üks või kaks korda, et küljed maha kraapida. Vala puder kaussi. Sega juurde india pähkli koor, sinep ja murulauk.

4. Serveerimiseks jaga puder nelja kaussi. Top Lamb Hot Pot'iga.

LAMBALIHAHAUTIS SELLERIJUURE NUUDLITEGA

ETTEVALMISTUS:Küpseta 30 minutit: 1 tund 30 minutit teeb: 6 portsjonit

SELLERI JUUR VÕTAB TÄIESTI ERINEVATVORMI SELLES HAUTISES KUI LAMB HOT POTIS (VTRETSEPT). MANDOLIINI VIILUTAJAT KASUTATAKSE MAGUSA JA PÄHKLIMAITSELISE JUURE VÄGA ÕHUKESTE RIBADE LOOMISEKS. "NUUDLID" HAUTUVAD HAUTISES PEHMEKS.

2 tl sidrunimaitseainet (vtretsept)

1½ naela lambaliha hautis, lõigatud 1-tollisteks kuubikuteks

2 spl oliiviõli

2 tassi hakitud sibulat

1 tass hakitud porgandit

1 tass kuubikuteks lõigatud peeti

1 supilusikatäis hakitud küüslauku (6 nelki)

2 spl tomatipastat ilma soolata

½ tassi kuiva punast veini

4 tassi veiselihapuljongit (vtretsept) või veiselihapuljongit ilma soola lisamata

1 loorberileht

2 tassi 1-tollist kuubikkõrvitsat

1 tass kuubikuteks lõigatud baklažaani

1 kilo sellerijuurt, kooritud

Hakitud värske petersell

1. Kuumuta ahi temperatuurini 250 °F. Puista lambalihale ühtlaselt sidruni- ja ürdimaitseainet. Katmiseks segage õrnalt. Kuumuta 6–8-liitrine ahi keskmisel kõrgel

kuumusel. Asetage 1 spl oliiviõli ja pool maitsestatud lambaliha Hollandi ahju. Prae liha kuumas õlis igast küljest; Tõsta pruunistatud liha taldrikule ja korda ülejäänud lambaliha ja oliiviõliga. Vähenda kuumust keskmisele.

2. Lisa kastrulisse sibul, porgand ja peet. Küpseta ja segage köögivilju 4 minutit; lisa küüslauk ja tomatipasta ning küpseta veel 1 minut. Lisa kastrulisse punane vein, veiselihapuljong, loorberileht ja reserveeritud liha ning kogutud mahlad. Kuumuta segu keemiseni. Katke Hollandi ahi ja asetage eelsoojendatud ahju. Küpseta 1 tund. Sega hulka kõrvits ja baklažaan. Tõsta tagasi ahju ja küpseta veel 30 minutit.

3. Kui hautis on ahjus, viilutage mandoliiniga sellerijuur väga õhukeseks. Lõika juurselleri viilud ½ tolli laiusteks ribadeks. (Sul peaks olema umbes 4 tassi.) Sega juurselleri ribad hautisesse. Hauta umbes 10 minutit või kuni pehme. Enne hautise serveerimist eemaldage ja visake loorberileht ära. Puista iga portsjon peale hakitud peterselli.

PRANTSUSE LAMBAKOTLETID GRANAATÕUNA DATLI CHUTNEYGA

ETTEVALMISTUS:Küpseta 10 minutit: jahuta 18 minutit: valmista 10 minutit: 4 portsjonit

MÕISTE "PRANTSUSE" VIITAB RIBI LUULEMILLEST ON TERAVA KOORIMISNOAGA EEMALDATUD RASV, LIHA JA SIDEKUDE. SEE LOOB ATRAKTIIVSE ESITLUSE. PALUGE SEDA TEHA OMA LIHUNIKUL VÕI SAATE SEDA ISE TEHA.

CHUTNEY
½ tassi magustamata granaatõunamahla
1 spl värsket sidrunimahla
1 šalottsibul, kooritud ja lõigatud õhukesteks rõngasteks
1 tl peeneks hakitud apelsinikoort
⅓ tassi hakitud Medjooli datleid
¼ tl purustatud punast pipart
¼ tassi granaatõunaarilli*
1 spl oliiviõli
1 spl hakitud värsket Itaalia peterselli

LAMBAKARREE
2 spl oliiviõli
8 Prantsuse lamba ribikotlette

1. Chutney jaoks sega väikesel pannil granaatõunamahl, sidrunimahl ja šalottsibul. lase keema tõusta; Vähendage kuumust. Hauta kaaneta 2 minutit. Lisa apelsinikoor, datlid ja purustatud punane pipar. Lase 10 minutit puhata, kuni see jahtub. Segage

granaatõunaribid, 1 spl oliivõli ja petersell. Tõsta serveerimiseks toatemperatuurile kõrvale.

2. Kotletite jaoks kuumutage suurel pannil 2 spl oliivõli keskmisel-kõrgel kuumusel. Partiidena töötades lisage pannile karbonaadid ja küpsetage keskmisel kuumusel (145 °F), keerates üks kord 6–8 minutit. Top karbonaad chutneyga.

* Märkus: Värsked granaatõunad ja nende seemned või seemned on saadaval oktoobrist veebruarini. Kui te neid ei leia, kasutage chutneyle krõmpsu lisamiseks magustamata kuivatatud seemneid.

CHIMICHURRI LAMBAKOTLETID PRAETUD RADICCHIO SLAWIGA

ETTEVALMISTUS:Marineerida 30 minutit: küpsetada 20 minutit: valmistada 20 minutit: 4 portsjonit

ARGENTIINAS ON CHIMICHURRI KÕIGE POPULAARSEM MAITSEAINEKAASAS RIIGI KUULSA GAUCHO-STIILIS GRILLSTEIKIGA. VARIATSIOONE ON PALJU, KUID PAKS ÜRDIKASTE VALMISTATAKSE TAVALISELT PETERSELLI, KORIANDRI VÕI PUNE, ŠALOTTSIBULA JA/VÕI KÜÜSLAUGU, PURUSTATUD PUNASE PIPRA, OLIIVIÕLI JA PUNASE VEINI ÄÄDIKA ABIL. SEE SOBIB SUUREPÄRASELT GRILLITUD LIHALE, AGA KA PRAE- VÕI PANNIL RÖSTITUD LAMBALIHA, KANA JA SEALIHA KÕRVALE.

8 lambaliha karbonaadi, viilutatud 1 tolli paksuseks

½ tassi chimichurri kastet (vtretsept)

2 spl oliiviõli

1 magus sibul, poolitatud ja viilutatud

1 tl purustatud köömneid*

1 küüslauguküüs, hakitud

1 pea radicchio, südamik ja õhukesteks viiludeks

1 spl palsamiäädikat

1. Asetage lambaliha kotletid eriti suurde kaussi. Nirista peale 2 spl chimichurri kastet. Hõõruge sõrmede abil kastmega iga karbonaadi kogu pind. Lase karbonaadil 20 minutit toatemperatuuril marineerida.

2. Samal ajal kuumutage praetud radicchio slaw jaoks eriti suurel pannil 1 spl oliiviõli. Lisa sibul, köömned ja

küüslauk; Küpseta 6–7 minutit või kuni sibul on pehme, sageli segades. lisada radicchio; Küpseta 1 kuni 2 minutit või kuni radicchio on veidi närbunud. Pane kapsasalat suurde kaussi. Lisa palsamiäädikas ja sega korralikult läbi. Kata ja hoia soojas.

3. Pühkige pann ära. Lisa ülejäänud 1 spl oliiviõli pannile ja kuumuta keskmisel-kõrgel kuumusel. Lisa lambaliha; Vähenda kuumust keskmisele. Küpseta 9–11 minutit või kuni soovitud küpsuseni, keerates karbonaate aegajalt tangidega.

4. Serveeri karbonaad koos kapsasalati ja ülejäänud chimichurri kastmega.

*Märkus: köömnete purustamiseks kasutage uhmrit ja nuia – või asetage seemned lõikelauale ja purustage need kokanoaga.

ANCHO-SALVEI REBITUD LAMBALIHAKOTLETID PORGANDI JA BATAADI TARTARKASTMEGA

ETTEVALMISTUS:12 minutit külmas: 1 kuni 2 tundi grillimist: 6 minutit valmistab: 4 portsjonit

LAMBAKOTLETTE ON KOLME TÜÜPI.PAKSUD JA LIHAKAD SISEFILEE KOTLETID NÄEVAD VÄLJA NAGU VÄIKESED T-KONDIGA PIHVID. RIBIKOTLETID - SIIN KUTSUTAKSE - VALMISTATAKSE LAMBALIHA LUUDE VAHELT LÕIKAMISE TEEL. NAD ON VÄGA ÕRNAD JA NENDE KÜLJEL ON PIKK, ATRAKTIIVNE LUU. SAGELI SERVEERITAKSE NEID PANNIL VÕI GRILLITULT. SOODSAD ABAKOTLETID ON PISUT RASVASEMAD JA VÄHEM ÕRNAD KUI TEISED KAKS TÜÜPI. NEID ON KÕIGE PAREM PRUUNISTADA JA SEEJÄREL HAUTADA VEINIS, PULJONGIS JA TOMATITES – VÕI NENDE KOMBINATSIOONIS.

3 keskmist porgandit, jämedalt hakitud

2 väikest maguskartulit, julienne* või jämedalt tükeldatud

½ tassi paleo majoneesid (vtretsept)

2 spl värsket sidrunimahla

2 tl Dijoni stiilis sinepit (vtretsept)

2 spl hakitud värsket peterselli

½ tl musta pipart

8 lambaribi karbonaadi, viilutatud ½ kuni ¾ tolli paksuseks

2 spl hakitud värsket salvei või 2 tl kuivatatud salvei, peeneks hakitud

2 tl jahvatatud ancho tšillipipart

½ tl küüslaugupulbrit

1. Tartarikastme jaoks sega keskmises kausis kokku porgand ja bataat. Segage väikeses kausis paleo majonees, sidrunimahl, Dijoni sinep, petersell ja must pipar. Vala peale porgand ja bataat; viska mantlile. Kata kaanega ja pane 1–2 tunniks külmkappi.

2. Sega väikeses kausis kokku salvei, ancho chili ja küüslaugupulber. Hõõru lambakotletid vürtsiseguga.

3. Söe- või gaasigrilli jaoks asetage lambaliha karbonaad keskmisel-kõrgel kuumusel otse küpsetusrestile. Katke ja grillige 6–8 minutit keskmisel kuumusel (145 °F) või 10–12 minutit keskmisel kuumusel (150 °F). Keerake üks kord poole küpsetamise ajal.

4. Serveeri lambaliha kotletid koos tartarikastmega.

*Märkus: bataadi lõikamiseks kasutage julienne kinnitusega mandoliini.

LAMBAKOTLETID SALOTTSIBULA, PIPARMÜNDI JA PUNE HÕÕRUMISEGA

ETTEVALMISTUS:Marineerimine 20 minutit: 1 kuni 24 tundi
Röstimine: 40 minutit Grill: 12 minutit Valmistamine: 4
portsjonit

NAGU ENAMIKU MARINEERITUD LIHA PUHULMIDA KAUEM
LASETE ÜRDIL ENNE KÜPSETAMIST LAMBAKOTLETTE PEALE
HÕÕRUDA, SEDA MAITSVAMAD NEED ON. SELLEL REEGLIL ON
ÜKS ERAND JA SEE ON SIIS, KUI KASUTATE MARINAADI, MIS
SISALDAB VÄGA HAPPELISI KOOSTISOSI, NAGU
TSITRUSVILJADE MAHL, ÄÄDIKAS JA VEIN. KUI JÄTATE LIHA
LIIGA KAUAKS HAPPELISES MARINAADIS SEISMA, HAKKAB
SEE LAGUNEMA JA MUUTUB PUDRUKS.

LAMBALIHA
  2 supilusikatäit peeneks hakitud šalottsibulat
  2 spl peeneks hakitud värsket piparmünti
  2 supilusikatäit peeneks hakitud värsket pune
  5 tl Vahemere vürtse (vtretsept)
  4 tl oliiviõli
  2 küüslauguküünt, hakitud
  8 lambaribi karbonaadi, lõigatud umbes 1 cm paksuselt

SALAT
  ¾ naela beebi naeris, kärbitud
  1 spl oliiviõli
  ¼ tassi värsket sidrunimahla
  ¼ tassi oliiviõli
  1 spl peeneks hakitud šalottsibul

1 tl Dijoni stiilis sinepit (vt<u>retsept</u>)

6 tassi segatud rohelisi

4 tl hakitud murulauku

1. Lambaliha jaoks segage väikeses kausis 2 spl šalottsibulat, piparmünt, pune, 4 tl Vahemere maitseainet ja 4 tl oliiviõli. Puista lambaliha kotlette kõikidele külgedele riivid; hõõruge sõrmedega. Aseta karbonaad taldrikule. Kata kilega ja pane vähemalt 1 tunniks külmkappi marineerima, kuni 24 tundi.

2. Salati jaoks soojendage ahi temperatuurini 400 °F. nühkige peet hästi; viiludeks lõigata. Vala 2-liitrisesse pajavormi. Nirista peale 1 spl oliiviõli. Kata kauss fooliumiga. Rösti umbes 40 minutit või kuni peet on pehme. Lase täielikult jahtuda. (Peete saab röstida kuni 2 päeva ette.)

3. Segage purgis sidrunimahl, ¼ tassi oliiviõli, 1 supilusikatäis šalottsibulat, Dijoni stiilis sinepit ja ülejäänud 1 tl Vahemere maitseaineid. Katke ja loksutage korralikult. Salatikausis segage peet ja rohelised; Sega hulka vinegretti.

4. Asetage karbonaad söe- või gaasigrillile keskmisel-kõrgel kuumusel otse määritud küpsetusrestile. Kata ja grilli soovitud valmiduseni. Keerake üks kord poole küpsetamise ajal. Oodake 12–14 minutit keskmise haruldase (145 °F) või 15–17 minutit keskmise (160 °F) puhul.

5. Serveerimiseks aseta igale neljale serveerimistaldrikule 2 lambalihakotlet ja veidi salatit. Puista peale murulauk. Valage ülejäänud vinegrett läbi.

AIATÄIDISEGA LAMBABURGERID PUNASE PIPRAGA

ETTEVALMISTUS:20 minutit seista: 15 minutit grill: 27 minutit teeb: 4 portsjonit

COULIS POLE MIDAGI MUUD KUI LIHTNE SILE KASTEVALMISTATUD PÜREESTATUD PUU- VÕI KÖÖGIVILJADEST. NENDE LAMBALIHABURGERITE SÄRAV JA KAUNIS PIPRAKASTE SAAB TOPELTANNUSE SUITSU - GRILLIMISEST JA SUITSUPAPRIKA NÄPUOTSAGA.

PUNASE PIPRA COULIS
1 suur punane paprika
1 spl kuiva valget veini või valge veini äädikat
1 tl oliiviõli
½ tl suitsutatud paprikat

KODANIKUD
¼ tassi tükeldatud väävlita päikesekuivatatud tomateid
¼ tassi hakitud suvikõrvitsat
1 spl hakitud värsket basiilikut
2 tl oliiviõli
½ tl musta pipart
1½ naela jahvatatud lambaliha
1 munavalge, kergelt vahustatud
1 spl Vahemere vürtse (vt_retsept)

1. Punase paprika jaoks asetage punane pipar otse küpsetusrestile keskmisel-kõrgel kuumusel. Katke ja grillige 15–20 minutit või kuni see on söestunud ja väga pehme. Pöörake pipart umbes iga 5 minuti järel, et mõlemad pooled söestuks. Eemaldage grillilt ja asetage

pipraga täielikult paberkotti või fooliumisse. Laske seista 15 minutit või kuni see on piisavalt jahtunud. Koorige nahad terava noaga ettevaatlikult maha ja visake need ära. Poolita paprikad pikuti ning eemalda varred, seemned ja membraanid. Sega köögikombainis omavahel röstitud pipar, vein, oliiviõli ja suitsupaprika. Kata ja töötle või sega ühtlaseks.

2. Täidiseks pane päikesekuivatatud tomatid väikesesse kaussi ja kata keeva veega. lase seista 5 minutit; äravool. Patsuta tomatid ja rebitud suvikõrvits paberrätikutega kuivaks. Segage väikeses kausis tomatid, suvikõrvits, basiilik, oliiviõli ja ¼ tl musta pipart. kõrvale panema.

3. Sega suures kausis jahvatatud lambaliha, munavalged, ülejäänud ¼ tl musta pipart ja Vahemere vürtsid. sega hästi. Jagage lihasegu kaheksaks võrdseks osaks ja vormige igaühest ¼ tolli paksune pätsike. lusikatäis täidist neljale pätsile; Kata ülejäänud pätsikestega ja näpi servi täidise tihendamiseks.

4. Asetage pätsikesed otse küpsetusrestile keskmisel-kõrgel kuumusel. Katke ja grillige 12–14 minutit või kuni see on valmis (160 ° F). Pöörake üks kord poole küpsetamise ajal.

5. Serveerimiseks pane burger peale piprakuuliga.

TOPELT-OREGANO LAMBALIHA KABOBID TZATZIKI KASTMEGA

LEOTAMINE:30 minutit valmistamine: 20 minutit jahutamine: 30 minutit grillimine: 8 minutit valmistamine: 4 portsjonit

NEED LAMBALIHA KABOBID ON SISULISELTVAHEMEREMAADES JA LÄHIS-IDAS TUNTUD KOFTA – MAITSESTATUD HAKKLIHAST (TAVALISELT LAMBA- VÕI VEISELIHAST) VORMITAKSE PALLIKESED VÕI VARDAS ÜMBER JA SEEJÄREL GRILLITAKSE. VÄRSKE JA KUIVATATUD PUNE ANNAVAD NEILE SUUREPÄRASE KREEKA MAITSE.
8 10-tollist puidust varrast

LAMBAKABOBID
1½ naela lahja lambaliha
1 väike sibul, hakitud ja kuivpressitud
1 supilusikatäis värsket pune
2 tl kuivatatud pune, tükeldatud
1 tl musta pipart

TZATZIKI KASTE
1 tass paleo majoneesi (vtretsept)
Pool suurt kurki, seemnetest ja tükeldatud ja kuivpressitud
2 spl värsket sidrunimahla
1 küüslauguküüs, hakitud
1. Leota vardaid piisavas koguses vees 30 minutit.

2. Lambaliha jaoks segage suures kausis jahvatatud lambaliha, sibul, värske ja kuivatatud pune ning pipar. sega hästi. Jaga lambasegu kaheksaks võrdseks osaks.

Kujundage iga osa umbes poole vardast, luues 5 × 1-tollise palgi. Kata kaanega ja pane vähemalt 30 minutiks külmkappi.

3. Samal ajal sega tzatziki kastme jaoks väikeses kausis kokku paleo majonees, kurk, sidrunimahl ja küüslauk. Kata ja jahuta kuni serveerimiseks valmis.

4. Söe- või gaasigrilli jaoks asetage lambalihafilee keskmisel-kõrgel kuumusel otse küpsetusrestile. Katke ja grillige keskmisel kuumusel (160 °F) umbes 8 minutit. Pöörake üks kord poole küpsetamise ajal.

5. Serveeri lambaliha kabobid tzatziki kastmega.

PRAETUD KANA SAFRANI JA SIDRUNIGA

ETTEVALMISTUS:15 minutit külmas: 8 tundi röstimine: 1 tund
15 minutit seistes: 10 minutit valmistab: 4 portsjonit

SAFRAN ON KUIVATATUD TOLMUKADMINGI KROOKUSE LILL.
SEE ON KALLIS, KUID NATUKE LÄHEB ASJAKS. SEE ANNAB
SELLELE KRÕBEDALE PRAEKANALE MAALÄHEDASE,
OMAPÄRASE MAITSE JA UHKE KOLLASE TOONI.

1 4 kuni 5 naela terve kana

3 supilusikatäit oliiviõli

6 küüslauguküünt, purustatud ja kooritud

1½ supilusikatäit peeneks riivitud sidrunikoort

1 spl värsket tüümiani

1½ tl jahvatatud musta pipart

½ tl safrani niidid

2 loorberilehte

1 sidrun, neljaks lõigatud

1. Eemaldage kana kael ja sisemus; visake ära või säilitage
   muuks kasutamiseks. loputage kana kehaõõnsus;
   Kuivatage paberrätikutega. Lõika kana pealt ära liigne
   nahk või rasv.

2. Sega köögikombainis kokku oliiviõli, küüslauk,
   sidrunikoor, tüümian, pipar ja safran. Töötle ühtlaseks
   pastaks.

3. Hõõruge sõrmedega pastaga üle kana välispinna ja
   sisemise õõnsuse. Tõsta kana suurde kaussi; kata ja
   hoia vähemalt 8 tundi või üleöö külmkapis.

4. Kuumuta ahi temperatuurini 425 °F. Asetage sidruniveerandid ja loorberilehed kanaõõnde. Seo jalad kokku 100% puuvillase kööginööriga. Tõsta tiivad kana alla. Sisestage ahjus olev lihatermomeeter reie sisemusse ilma luud puudutamata. Asetage kana suurele pannile restile.

5. Rösti 15 minutit. Alandage ahju temperatuuri 375 °F-ni. Röstige veel umbes 1 tund või kuni mahl on selge ja termomeeter näitab 175 °F. Telgikana fooliumiga. Enne nikerdamist laske 10 minutit seista.

SPATCHCOCKED KANA JICAMA SLAWIGA

"SPATCHCOCK" ON VANA TOIDUVALMISTAMISE TERMINSEDA ON HILJUTI KASUTATUD TAAS KIRJELDAMAKS PROTSESSI, KUIDAS VÄIKE LIND – NAGU KANA VÕI CORNISH KANA – SELILI POOLITATAKSE NING SEEJÄREL AVATAKSE JA LAMEDAKS TEHAKSE NAGU RAAMAT, ET SEE SAAKS KIIREMINI JA ÜHTLASEMALT KÜPSETADA. SEE SARNANEB LIBLIKAGA, KUID ON SEOTUD AINULT KODULINDUDEGA.

KANA
   1 poblano tšilli
   1 spl peeneks hakitud šalottsibul
   3 küüslauguküünt, hakitud
   1 tl peeneks hakitud sidrunikoort
   1 tl peeneks riivitud laimikoort
   1 tl suitsumaitseainet (vtretsept)
   ½ tl kuivatatud pune, hakitud
   ½ tl jahvatatud köömneid
   1 spl oliiviõli
   1 3 kuni 3½ naela terve kana

KAPSASALAT
   ½ keskmist jicama, kooritud ja julieneeritud (umbes 3 tassi)
   ½ tassi õhukeselt viilutatud sibulat (4)
   1 Granny Smithi õun, kooritud, puhastatud südamikust ja julieneeritud
   ⅓ tassi värsket koriandrit

3 supilusikatäit värsket apelsinimahla

3 supilusikatäit oliiviõli

1 tl sidrunimaitseainet (vtretsept)

1. Söegrilli jaoks aseta grilli ühele küljele keskmiselt
   kuumad söed. Asetage tühjendusnõu grilli tühja külje
   alla. Asetage poblano otse grillrestile keskmise
   suurusega sütele. Katke ja grillige 15 minutit või kuni
   poblano on igast küljest söestunud, aeg-ajalt keerates.
   Mähi poblano kohe fooliumisse; Jätke 10 minutiks. Ava
   foolium ja lõika poblano pikuti pooleks; Eemaldage
   varred ja seemned (vtvihje). Terava noaga eemaldage
   nahk ettevaatlikult ja visake ära. Haki poblano peeneks.
   (Gaasigrilli puhul eelsoojendage grill; alandage
   kuumust keskmiselt madalale. Seadke kaudseks
   küpsetamiseks. Grillige ülaltoodud põleti kohal.)

2. Hõõrumiseks sega väikeses kausis poblano, šalottsibul,
   küüslauk, sidrunikoor, laimikoor, suitsumaitseaine,
   pune ja köömned. sega õliga; segage hästi pasta
   saamiseks.

3. Kana eemaldamiseks eemaldage kana kael ja sisemus
   (v.a. muuks kasutamiseks). Aseta kana rinnaga
   allapoole lõikelauale. Lõika köögikääridega selgroo üks
   külg pikuti kaela otsast. Korrake pikisuunalist lõiget
   selgroo vastasküljele. Eemaldage ja visake ära selgroog.
   keera kananahk ümber. Vajutage rindade vahele, et
   rinnaluu murda, nii et kana jääb tasaseks.

4. Alustades rinna ühel küljel olevast kaelast, libistage
   sõrmed naha ja liha vahel, et nahk lõdvemaks muutuks,

kui töötate reie poole. Avage nahk reie ümber. Korrake teisel pool. Hõõruge sõrmedega liha kana naha alla.

5. Asetage kanarind tilgapanni kohale küpsetusrestile. Kaal kahe kilesse pakitud tellisega või suure malmpanniga. Katke ja grillige 30 minutit. Pöörake kana kondiga pool allapoole restile ja kaaluge uuesti telliste või panniga. Grilli kaanega umbes 30 minutit kauem või seni, kuni kana ei ole enam roosa (175°F reielihas). Võta kana grillilt. Jätke 10 minutiks. (Gaasigrilli puhul asetage kana küpsetusrestile kuumusest eemal. Grillige ülaltoodud viisil.)

6. Samal ajal viska kapsasalati jaoks suurde kaussi jicama, talisibul, õun ja koriander. Sega väikeses kausis kokku apelsinimahl, õli ja sidrunimaitseaine. Vala jicama segule ja viska katteks. Serveeri kana koos kapsasalatiga.

RÖSTITUD KANA TAGAVEERAND VIINA, PORGANDI JA TOMATIKASTMEGA

ETTEVALMISTUS:Keeda 15 minutit: praadida 15 minutit: teha 30 minutit: 4 portsjonit

VIINA SAAB TEHA MITMESTMITMESUGUSED TOIDUD, SEALHULGAS KARTUL, MAIS, RUKIS, NISU JA ODER – ISEGI VIINAMARJAD. KUIGI SELLES KASTMES POLE PALJU VIINA, KUI JAGATE SELLE NELJA PORTSJONI PEALE, OTSIGE, KAS KARTULIST VÕI VIINAMARJADEST VALMISTATUD VOKDA ON PALEO-ÜHILDUV.

3 supilusikatäit oliiviõli

4 kondiga kana tagaveerandit või lihaseid kanatükke, nahaga

1 28-untsine ploomtomat ilma soolata, nõrutatud

½ tassi peeneks hakitud sibulat

½ tassi peeneks hakitud porgandit

3 küüslauguküünt, hakitud

1 tl Vahemere vürtse (vt retsept)

⅛ tl cayenne'i pipart

1 oksake värsket rosmariini

2 supilusikatäit viina

1 spl hakitud värsket basiilikut (valikuline)

1. Kuumuta ahi temperatuurini 375 °F. Kuumutage eriti suurel pannil 2 spl õli keskmisel-kõrgel kuumusel. Lisa kana; küpseta ühtlaselt pruuniks, umbes 12 minutit või kuni pruunistumiseni. Asetage pann eelsoojendatud ahju. Rösti kaaneta 20 minutit.

2. Vahepeal lõika kastme jaoks köögikääridega tomatid. Kuumuta keskmisel kastrulis keskmisel-kõrgel kuumusel ülejäänud 1 spl õli. Lisa sibul, porgand ja küüslauk; Küpseta 3 minutit või kuni pehme, sageli segades. Sega juurde tükeldatud tomatid, Vahemere vürtsid, cayenne'i pipar ja rosmariinioksake. Kuumuta keskmisel-kõrgel kuumusel keemiseni; Vähendage kuumust. Hauta kaaneta 10 minutit, aeg-ajalt segades. segage viina sisse; küpseta veel 1 minut; Eemaldage ja visake rosmariini oks ära.

3. Vala kaste pannil kana peale. Pange pann tagasi ahju. Katke, katke, umbes 10 minutit kauem või kuni kana on pehme ega ole enam roosa (175 °F). Soovi korral puista peale basiilikut.

KANA RÔTI JA RUTABAGA FRIIKARTULID

ETTEVALMISTUS:Küpseta 40 minutit: 40 minutit teeb: 4 portsjonit

KRÕMPSUVAD RUTABAGA FRIIKARTULID ON MAITSVADSERVEERITAKSE PRAEKANA JA SELLE JUURDE KUULUVATE MAHLADEGA – KUID NEED ON SAMA MAITSVAD, KUI NEED ON VALMISTATUD NULLIST JA SERVEERITAKSE PALEOKETŠUPIGA (VTRETSEPT) VÕI SERVEERITAKSE BELGIA STIILIS PALEO AÏOLIGA (KÜÜSLAUGUMAJONEES, VT).RETSEPT).

6 supilusikatäit oliiviõli

1 spl Vahemere vürtse (vtretsept)

4 kondiga kana reied, nahaga (kokku umbes 1¼ naela)

4 kanakintsu, nahaga (kokku umbes 1 nael)

1 tass kuiva valget veini

1 tass kanalihapuljongit (vtretsept) või ilma soolata kanapuljongit

1 väike sibul, neljaks lõigatud

oliiviõli

1½ kuni 2 naela rutabaga

2 spl hakitud värsket murulauku

Must pipar

1. Kuumuta ahi temperatuurini 400 °F. Sega väikeses kausis kokku 1 spl oliiviõli ja Vahemere maitseaine. hõõru kanatükkidele. Kuumuta eriti suurel pannil 2 spl õli. Lisa kanatükid, lihavad küljed allapoole. Küpseta kaaneta umbes 5 minutit või kuni pruunistumiseni.

Tõsta pann pliidilt. Keera kanatükid pruunistatud küljed ülespoole. Lisa vein, kanakondipuljong ja sibul.

2. Asetage pann ahju keskmisele restile. Küpseta kaaneta 10 minutit.

3. Friikartulite jaoks pintselda suur küpsetusplaat kergelt oliiviõliga. kõrvale panema. Koori rutabaga. Lõika rutabaga terava noaga ½-tollisteks viiludeks. Lõika viilud pikuti ½-tollisteks ribadeks. Viska suures kausis rutabaga ribad ülejäänud 3 supilusikatäie õliga. Laota rutabaga ribad ühe kihina ettevalmistatud ahjuplaadile. Aseta ahju ülemisele restile. küpseta 15 minutit; flip friikartuleid. Küpseta kana veel 10 minutit või kuni see ei ole enam roosa. Võta kana ahjust välja. Küpseta friikartuleid 5–10 minutit või kuni need on pruunid ja pehmed.

4. Eemaldage kana ja sibul pannilt, jättes mahla alles. Kata kana ja sibul soojas hoidmiseks. Aja mahlad keskmisel kuumusel keema. Vähendage kuumust. Hauta kaaneta umbes 5 minutit või kuni mahl on veidi vähenenud.

5. Serveerimiseks raputa peale friikartulid murulauguga ja maitsesta pipraga. Serveeri kana koos keedumahlade ja friikartulitega.

KOLMEKORDNE SEENTE COQ AU VIN MURULAUKU

PÜREESTATUD RUTABAGA

ETTEVALMISTUS:Küpseta 15 minutit: 1 tund 15 minutit teeb: 4 kuni 6 portsjonit

KUI KAUSIS ON NATUKE LIIVAPÄRAST KUIVATATUD SEENTE LEOTAMIST KURNAKE VEDELIK LÄBI KAHEKORDSE PAKSUSE MARLI PEENE SILMAGA SÕELAGA.

1 unts kuivatatud porcini seeni või morlid

1 tass keeva veega

2–2½ naela kana reied ja kintsupulgad, nülitud

Must pipar

2 spl oliiviõli

2 keskmist porrulauku, poolitatud pikuti, loputatud ja õhukesteks viiludeks

2 portobello seeni, viilutatud

8 untsi värskeid austerservikuid, varrega ja viilutatud või viilutatud värskeid nööbeseeni

¼ tassi tomatipastat ilma lisatud soolata

1 tl kuivatatud majoraani, purustatud

½ tl kuivatatud tüümiani, hakitud

½ tassi kuiva punast veini

6 tassi kana kondipuljongit (vtretsept) või ilma soolata kanapuljongit

2 loorberilehte

2 kuni 2½ naela rutabaga, kooritud ja tükeldatud

2 spl hakitud värsket murulauku

½ tl musta pipart

Napsutatud värske tüümian (valikuline)

1. Sega väikeses kausis puravikud ja keeduvesi. Jätke 15
   minutiks. Eemalda seened ja jäta leotusvedelik alles.
   tükelda seened. Tõsta seened ja leotusvedelik kõrvale.

2. Puista kana peale pipraga. Kuumutage eriti suures
   tihedalt suletava kaanega pannil keskmisel-kõrgel
   kuumusel 1 spl oliiviõli. Küpseta kanatükke kahes osas
   kuumas õlis, kuni need on kergelt pruunistunud, umbes
   15 minutit. Keerake neid üks kord. Võta kana pannilt
   välja. Sega hulka porrulauk, portobello seened ja
   austriseened. Küpseta 4–5 minutit või kuni seened
   hakkavad pruunistuma, aeg-ajalt segades. Segage
   tomatipasta, majoraan ja tüümian; keetke ja segage 1
   minut. segage veini; keetke ja segage 1 minut. Segage 3
   tassi kanapuljongit, loorberilehed, 1/2 tassi
   reserveeritud seente leotusvedelikku ja rehüdreeritud
   tükeldatud seeni. Tõsta kana pannile tagasi. lase keema
   tõusta; Vähendage kuumust. kaetud u. Hauta 45 minutit
   või kuni kana on pehme. Keera kana üks kord poole
   küpsetamise ajal.

3. Sega suures kastrulis rutabaga ja ülejäänud 3 tassi
   puljongit. Vajadusel lisa vett nii, et rutabagad kataks.
   lase keema tõusta; Vähendage kuumust. Hauta kaaneta
   25–30 minutit või kuni rutabaga on pehme, aeg-ajalt
   segades. Nõruta rutabagad ja säilita vedelik. Pange
   rutabagad tagasi potti. Lisa ülejäänud 1 spl oliiviõli,
   murulauk ja ½ tl pipart. Püreesta rutabaga segu
   kartulipudru abil, lisades soovitud konsistentsi
   saavutamiseks keeduvedelikku.

4. Eemalda kanasegust loorberilehed; ära visata. Serveeri kana ja kaste püreestatud rutabaga peale. Soovi korral puista peale värsket tüümiani.

VIRSIKUBRÄNDIGA KLAASITUD TRUMMIPULGAD

ETTEVALMISTUS:30 minutit grill: 40 minutit teeb: 4 portsjonit

NEED KANAKINTSUD SOBIVAD IDEAALSELTKRÕBEDA KAPSASALATI JA VÜRTSIKATE AHJUS KÜPSETATUD BATAADI FRIIKARTULITEGA TUNEESIA VÜRTSITATUD SEA ABATÜKI RETSEPTI JÄRGI (VT.RETSEPT). SIIN NÄIDATAKSE NEID KOOS KRÕBEDA KAPSASALATIGA REDISE, MANGO JA PIPARMÜNDIGA (VTRETSEPT).

VIRSIKUBRÄNDIGA KÜLMUTAMINE
1 spl oliiviõli
½ tassi hakitud sibulat
2 värsket keskmist virsikut, poolitatud, seemnetest puhastatud ja tükeldatud
2 supilusikatäit brändit
1 tass BBQ-kastet (vtretsept)
8 kanakintsu (kokku 2 kuni 2½ naela), soovi korral kooritud

1. Glasuuri jaoks kuumuta keskmisel kastrulis keskmisel-kõrgel kuumusel oliiviõli. lisada sibul; küpseta umbes 5 minutit või kuni pehme, aeg-ajalt segades. Lisa virsikud. Katke ja küpseta 4–6 minutit või kuni virsikud on pehmed, aeg-ajalt segades. lisada brändit; Keeda kaaneta 2 minutit, aeg-ajalt segades. Lase veidi jahtuda. Aseta virsiku segu blenderisse või köögikombaini. Kata ja sega või sega ühtlaseks. Lisa BBQ kaste. Kata ja sega või sega ühtlaseks. Vala kaste tagasi potti. Küpseta keskmisel kuumusel, kuni see on läbi kuumutatud. Lisage väikesesse kaussi ¾ tassi kastet, et kana

pintseldada. Ülejäänud kaste hoia grillkanaga serveerimiseks soojas.

2. Söegrilli jaoks asetage tilgapanni ümber keskmiselt kuumad söed. Kontrollige, kas tilgapanni kohal on keskmine kuumus. Asetage kanakintsud küpsetusrestile tilgapanni kohale. Katke ja grillige 40–50 minutit või seni, kuni kana ei ole enam roosa (175 °F), keerates poole grillimise ajal üks kord ümber ja pintseldades ¾ tassi virsikubrändiglasuuriga viimased 5–12 minutit 10 minutit grillimist. (Gaasigrilli puhul eelkuumutage grill. Alandage kuumust keskmisele. Seadke kuumus kaudseks küpsetamiseks. Asetage kanakintsud grillrestile, mitte üle kuumenenud. Katke ja grillige vastavalt juhistele.)

TŠIILI MARINEERITUD KANA MANGO-MELONISALATIGA

ETTEVALMISTUS:40 minutit külma / marinaadiga: 2 kuni 4 tundi grilli: 50 minutit valmistab: 6 kuni 8 portsjonit

ANCHO CHILI ON KUIVATATUD POBLANO- INTENSIIVSELT VÄRSKE MAITSEGA LÄIKIV SÜGAVROHELINE TŠILLI. ANCHO TŠILLIL ON KERGELT PUUVILJANE MAITSE, MILLES ON TUNDA PLOOMI VÕI ROSINAT JA AINULT MÕRUDUST. NEW MEXICO TŠILLI VÕIB OLLA MÕÕDUKALT KUUM. SEE ON SÜGAVPUNANE TŠILLI, MIS RIPUB MÕNEL POOL EDELAOSAS RISTRADES – VÄRVILISTES TŠILLITE KUIVATAMISEKS.

KANA
2 kuivatatud New Mexico tšillit
2 kuivatatud ancho tšillit
1 tass keeva veega
3 supilusikatäit oliiviõli
1 suur magus sibul, kooritud ja paksult viilutatud
4 roma tomatit, seemnetega
1 supilusikatäis hakitud küüslauku (6 nelki)
2 tl jahvatatud köömneid
1 tl kuivatatud pune, purustatud
16 kanakintsu

SALAT
2 tassi tükeldatud melonit
2 tassi tükeldatud mesikaste
2 tassi tükeldatud mangot
¼ tassi värsket laimimahla
1 tl tšillipulbrit

163

½ tl jahvatatud köömneid

¼ tassi värsket koriandrit

1. Kana puhul eemalda kuivatatud New Mexico ja ancho
   tšilli varred ja seemned. Kuumuta suur pann keskmisel-
   kõrgel kuumusel. Rösti tšillit pannil 1–2 minutit või
   kuni need on lõhnavad ja kergelt röstitud. Asetage
   röstitud tšillid väikesesse kaussi; Valage kaussi keev
   vesi. Jäta vähemalt 10 minutiks või kuni kasutusvalmis.

2. Kuumuta broiler. Vooderda küpsetusplaat fooliumiga;
   Nirista fooliumile 1 spl oliiviõli. Lisa pannile
   sibulaviilud ja tomatid. Prae umbes 4 tolli tulelt maha
   6–8 minutit või kuni see on pehmenenud ja söestunud.
   Nõruta tšillid ja jäta vesi alles.

3. Sega marinaadiks blenderis või köögikombainis
   omavahel tšilli, sibul, tomat, küüslauk, köömned ja
   pune. Kata kaanega ja sega või töötle ühtlaseks massiks,
   lisades vajadusel reserveeritud vett, et püreestada ja
   saavutada soovitud konsistents.

4. Aseta kana suuresse taassuletavasse kilekotti madalasse
   nõusse. Vala marinaad kotis olevale kanale, keerates
   kotti ühtlaselt katteks. Marineerige külmkapis 2–4
   tundi, aeg-ajalt kotti keerates.

5. Salati jaoks sega eriti suures kausis melon, mesikaste,
   mango, laimimahl, ülejäänud 2 spl oliiviõli, tšillipulber,
   köömned ja koriander. Viska mantlile. Kata kaanega ja
   pane 1–4 tunniks külmkappi.

6. Söegrilli jaoks asetage tilgapanni ümber keskmiselt
   kuumad söed. Kontrollige pannil keskmise kuumusega.

Nõruta kana ja säilita marinaad. Asetage kana küpsetusrestile tilgapanni kohale. Pintselda kana rikkalikult reserveeritud marinaadiga (ülejäänud marinaad ära visata). Katke ja grillige 50 minutit või seni, kuni kana ei ole enam roosa (175 °F). Pöörake üks kord poole küpsetamise ajal. (Gaasigrilli puhul eelkuumutage grill. Alandage kuumust keskmisele madalale. Seadke kaudseks küpsetamiseks. Jätkake vastavalt juhistele ja asetage kana põletile.) Serveerige kanakintsud koos salatiga.

TANDOORI STIILIS KANAKINGAD KURGIRAITAGA

ETTEVALMISTUS:Marineerida 20 minutit: röstimine 2 kuni 24 tundi: 25 minutit Valmistamine: 4 portsjonit

RAITA ON VALMISTATUD INDIA PÄHKLISTKOOR, SIDRUNIMAHL, PIPARMÜNT, KORIANDER JA KURK. SEE PAKUB JAHUTAVAT KONTRAPUNKTI KUUMALE JA VÜRTSIKALE KANALIHALE.

KANA
Lõika 1 sibul õhukesteks viiludeks
1 2-tolline tükk värsket ingverit, kooritud ja neljaks lõigatud
4 küüslauguküünt
3 supilusikatäit oliiviõli
2 spl värsket sidrunimahla
1 tl jahvatatud köömneid
1 tl jahvatatud kurkumit
½ tl jahvatatud pipart
½ tl jahvatatud kaneeli
½ tl musta pipart
¼ tl Cayenne'i pipart
8 kanakintsu

KURK RAITA
1 tass india pähkli koort (vtretsept)
1 spl värsket sidrunimahla
1 spl hakitud värsket piparmünti
1 supilusikatäis värsket koriandrit
½ tl jahvatatud köömneid
⅛ tl musta pipart

1 keskmine kurk, kooritud, seemnetest puhastatud ja
   kuubikuteks lõigatud (1 tass)
sidruni viilud

1. Sega blenderis või köögikombainis kokku sibul, ingver,
   küüslauk, oliiviõli, sidrunimahl, köömned, kurkum,
   piment, kaneel, must pipar ja Cayenne. Kata ja sega või
   sega ühtlaseks.

2. Torke iga trummipulka neli või viis korda lõikamisnoa
   otsa kasutades. Asetage trummipulgad suurde
   suletavasse kilekotti suurde kaussi. lisa sibulasegu;
   katmiseks pöörake. Marineerige külmkapis 2–24 tundi,
   aeg-ajalt kotti keerates.

3. Eelsoojenda broilerid. Eemalda kana marinaadist.
   Pühkige liigne marinaad paberrätikutega kintsudelt
   maha. Aseta kintsud kuumutamata grillpanni restile või
   fooliumiga kaetud ahjuplaadile. Prae 15 minutit
   kuumusallikast 6–8 tolli kaugusel. Keerake
   trummipulgad; Rösti (175 °F), umbes 10 minutit või
   kuni kana ei ole enam roosa.

4. Raita jaoks sega keskmises kausis kokku india pähkli
   koor, sidrunimahl, piparmünt, koriander, köömned ja
   must pipar. Sega õrnalt juurde kurk.

5. Serveeri kana raita ja sidruniviiludega.

KARRIKANA HAUTIS JUURVILJADE, SPARGLI NING ROHELISE ÕUNA JA PIPARMÜNDI MAITSEGA

ETTEVALMISTUS:30 minutit keetmist: 35 minutit seismist: 5 minutit valmistab: 4 portsjonit

2 spl rafineeritud kookos- või oliivõli

2 naela kondiga kanarinda, soovi korral nahaga

1 tass hakitud sibulat

2 spl riivitud värsket ingverit

2 spl hakitud küüslauku

2 spl soolavaba karripulbrit

2 supilusikatäit hakitud, seemnetest puhastatud jalapeñot (vtvihje)

4 tassi kana kondipuljongit (vtretsept) või ilma soolata kanapuljongit

2 keskmist maguskartulit (umbes 1 nael), kooritud ja tükeldatud

2 keskmist peeti (umbes 6 untsi), kooritud ja tükeldatud

1 tass seemnetega tükeldatud tomatit

8 untsi sparglit, kärbitud ja 1-tollisteks tükkideks lõigatud

1 13,5 untsi purk naturaalset kookospiima (nagu Nature's Way)

½ tassi hakitud värsket koriandrit

Apple Mint Relish (vtretsept, allpool)

laimi viilud

1. Kuumuta 6-liitrises ahjus õli keskmisel-kõrgel kuumusel. Prae kana kuumas õlis ühtlaselt pruunistades umbes 10 minutit. Tõsta kana taldrikule; kõrvale panema.

2. Seadke kuumus keskmisele tasemele. Lisa potti sibul, ingver, küüslauk, karri ja jalapeño. Küpseta ja sega 5 minutit või kuni sibul on pehme. Sega hulka kanakondipuljong, bataat, peet ja tomatid. Pane kanatükid tagasi potti ja lase kanal võimalikult vedelaks tõmmata. Alanda kuumust keskmisele-madalale. Kata kaanega ja hauta 30 minutit või kuni kana ei ole enam roosa ja köögiviljad on pehmed. Sega hulka spargel, kookospiim ja koriander. Eemaldage pliidilt. Jätke 5 minutiks. Vajadusel lõigake kana luudest lahti, et see jaotuks serveerimiskausside vahel ühtlaselt. Serveeri õunamündimaitse ja laimiviiludega.

Õuna-mündi maitse: Haki köögikombainis 1/2 tassi magustamata kookoshelbeid kohevaks. Lisage 1 tass värskeid koriandri lehti ja aurutage; 1 tass värskeid piparmündi lehti; 1 Granny Smithi õun, südamikust puhastatud ja tükeldatud; 2 tl hakitud, seemnetega jalapeñot (vtvihje); ja 1 spl värsket laimimahla. Pulse kuni peeneks jahvatatud.

GRILLITUD KANA PAILLARDI SALAT VAARIKATE, PEEDI JA RÖSTITUD MANDLITEGA

ETTEVALMISTUS:30 minutit röstimist: 45 minutit marineerimist: 15 minutit grillimist: 8 minutit valmistab: 4 portsjonit

½ tassi terveid mandleid

1½ tl oliiviõli

1 keskmine punapeet

1 keskmine kuldne naeris

2 kondita nahata kana rinnapoolikut (6 kuni 8 untsi)

2 tassi värskeid või külmutatud vaarikaid, sulatatud

3 spl valge või punase veini äädikat

2 supilusikatäit värsket estragoni

1 spl hakitud šalottsibul

1 tl Dijoni stiilis sinepit (vtretsept)

¼ tassi oliiviõli

Must pipar

8 tassi kevadisegu salateid

1. Mandlite jaoks kuumuta ahi temperatuurini 400 °F. Laota mandlid väikesele ahjuplaadile ja raputa peale ½ tl oliiviõli. Küpseta umbes 5 minutit või kuni see on lõhnav ja kuldne. Lase jahtuda. (Mandleid saab röstida 2 päeva ette ja hoida õhukindlas anumas.)

2. Peetide jaoks asetage iga peet väikesele fooliumitükile ja nirista igale poole tl oliiviõli. Keera foolium lõdvalt ümber peedi ja aseta need ahjuplaadile või pajavormi. Röstige peete 400 °F ahjus 40–50 minutit või noaga läbitorkamisel kuni need on pehmed. Eemaldage ahjust

ja laske seista, kuni see on piisavalt jahtunud. Eemaldage nahk koorimisnoaga. Lõika peet viiludeks ja tõsta kõrvale. (Vältige peedi kokkusegamist, et punapeet ei muudaks kuldse peedi värvi. Peete võib 1 päev ette röstida ja külmikusse panna. Enne serveerimist tooge toatemperatuurile.)

3. Kana jaoks lõika iga kanarind horisontaalselt pooleks. Asetage iga kanatükk kahe kiletüki vahele. Klopi lihahaamriga õrnalt umbes 1 cm paksuseks vahuks. Aseta kana madalasse kaussi ja tõsta kõrvale.

4. Püreesta vinegreti jaoks suures kausis ¾ tassi vaarikaid kergelt vispliga (jäänud vaarikad jäta alles salati jaoks). Lisa äädikas, estragon, šalottsibul ja Dijoni stiilis sinep; vispelda segamiseks. Lisage õhukese joana ¼ tassi oliiviõli ja vahustage hästi. Valage kanale pool tassi vinegretti; Keera kana katteks (ülejäänud vinegrett varu salati jaoks). Marineeri kana toatemperatuuril 15 minutit. Eemalda kana marinaadist ja puista peale pipart. Visake kaussi marinaad ära.

5. Söe- või gaasigrilli jaoks asetage kana keskmisel-kõrgel kuumusel otse küpsetusrestile. Katke ja grillige 8–10 minutit või seni, kuni kana ei ole enam roosa. Keerake üks kord poole küpsetamise ajal. (Kana võib küpsetada ka plaadil.)

6. Viska suures kausis kokku salat, peet ja ülejäänud 1¼ tassi vaarikaid. Valage reserveeritud vinegrett salatile; viska õrnalt katteks. Jaga salat nelja serveerimistaldriku vahel; Kõige peale aseta grillitud kana rinnatükk. Haki

röstitud mandlid jämedalt ja puista kõige peale.
Serveeri kohe.

BROKKOLIGA TÄIDETUD KANARIND RABE VÄRSKE TOMATIKASTME JA CAESARI SALATIGA

ETTEVALMISTUS:Küpseta 40 minutit: Tee 25 minutit: 6 portsjonit

3 supilusikatäit oliiviõli

2 tl hakitud küüslauku

¼ tl purustatud punast pipart

1 nael brokkoli raabi, kärbitud ja tükeldatud

½ tassi väävlita kuldseid rosinaid

½ tassi vett

4 5–6 untsi nahata kondita kana rinnapoolikut

1 tass hakitud sibulat

3 tassi tükeldatud tomateid

¼ tassi hakitud värsket basiilikut

2 tl punase veini äädikat

3 spl värsket sidrunimahla

2 spl paleo majoneesi (vtretsept)

2 tl Dijoni stiilis sinepit (vtretsept)

1 tl hakitud küüslauku

½ tl musta pipart

¼ tassi oliiviõli

10 tassi hakitud Rooma salatit

1. Kuumuta suurel pannil 1 spl oliiviõli keskmisel-kõrgel kuumusel. Lisa küüslauk ja purustatud punane pipar; küpseta ja sega 30 sekundit või kuni lõhnab. Lisa tükeldatud brokkoli rabe, rosinad ja ½ tassi vett. Katke ja küpseta umbes 8 minutit või kuni brokkoli raab on

närbunud ja pehme. Eemalda pannilt kaas. Laske liigsel veel aurustuda. Kõrvale panema.

2. Rulaadide jaoks poolita iga kanarind pikuti pooleks. Asetage iga tükk kahe kiletüki vahele. Kasutades lihavasara lamedat külge, klopi kana kergelt umbes ¼ tolli paksuseks. Asetage iga rulaadi ühele lühemale otsale umbes ¼ tassi brokkoli ja raabi segu; Rulli kokku ja murra küljed sisse, et täidis oleks täielikult kaetud. (Rulaadi saab valmistada kuni 1 päev ette ja hoida külmkapis kuni toiduvalmistamiseks.)

3. Kuumuta suurel pannil 1 spl oliiviõli keskmisel-kõrgel kuumusel. Lisa rulaadid, õmblus pool allpool. Küpseta umbes 8 minutit või kuni see on igast küljest pruunistunud. Keerake küpsetamise ajal kaks või kolm korda. Tõsta rulaadid vaagnale.

4. Kastme jaoks kuumuta pannil keskmisel-kõrgel kuumusel 1 spl ülejäänud oliiviõli. Lisa sibul; küpseta umbes 5 minutit või kuni see on läbipaistev. Sega juurde tomatid ja basiilik. Aseta rulaadid pannile kastmele. Kuumuta keskmisel-kõrgel kuumusel keemiseni; Vähendage kuumust. Kata kaanega ja küpseta umbes 5 minutit või kuni tomatid hakkavad lagunema, kuid säilitavad siiski oma kuju ja rulaadid kuumenevad läbi.

5. Kastme valmistamiseks vahustage väikeses kausis kokku sidrunimahl, paleo majoneesid, Dijoni sinep, küüslauk ja must pipar. Piserdage ¼ tassi oliiviõliga ja vahustage, kuni see on emulgeeritud. Viska suures kausis kaste hakitud rooma'iga. Serveerimiseks jaga romaine kuue

serveerimistaldriku vahel. Viiluta rulaadid ja lao romaine peale; Nirista üle tomatikastmega.

GRILLITUD KANA SHAWARMA WRAPID MAITSESTATUD KÖÖGIVILJADE JA PIINIAPÄHKLIKASTMEGA

ETTEVALMISTUS:Marineerida 20 minutit: Grillida 30 minutit: Valmistada 10 minutit: 8 wrappi (4 portsjonit)

1½ naela nahata kondita kana rinnapoolikud, lõigatud 2-tollisteks tükkideks

5 supilusikatäit oliiviõli

2 spl värsket sidrunimahla

1¾ tl jahvatatud köömneid

1 tl hakitud küüslauku

1 tl paprikat

½ tl karripulbrit

½ tl jahvatatud kaneeli

¼ tl Cayenne'i pipart

1 keskmine suvikõrvits, poolitatud

1 väike baklažaan lõigatud ½ tolli viiludeks

1 suur kollane paprika, poolitatud ja seemnetest eemaldatud

1 keskmine punane sibul, neljaks lõigatud

8 kirsstomatit

8 suurt võisalatilehte

Röstitud piiniapähklite kaste (vt retsept)

sidruni viilud

1. Marinaadi jaoks sega väikeses kausis 3 spl oliiviõli, sidrunimahla, 1 tl köömneid, küüslauku, ½ tl paprikat, karripulbrit, ¼ tl kaneeli ja Cayenne'i pipart. Asetage kanatükid suuresse taassuletavasse kilekotti madalasse

kaussi. Vala marinaad kanale. pitsakott; Pöörake kotti peale libistamiseks. Marineerige külmkapis 30 minutit, aeg-ajalt kotti keerates.

2. Eemalda kana marinaadist; Visake marinaad ära. Keera kana neljale pikale vardasse.

3. Aseta küpsetusplaadile suvikõrvits, baklažaan, paprika ja sibul. Nirista 2 spl oliiviõliga. Puista peale ülejäänud ¾ tl köömneid, ülejäänud ½ tl paprikat ja ülejäänud ¼ tl kaneeli. Hõõruge köögivilju kergelt. Tõsta tomatid kahele vardasse.

3. Söe- või gaasigrilli jaoks asetage kana- ja tomatitükid ning köögiviljad küpsetusrestile keskmisel-kõrgel kuumusel. Katke ja grillige, kuni kana ei ole enam roosa ja köögiviljad on kergelt söestunud ja krõbedad pehmed. Pöörake üks kord. Oodake kanaliha puhul 10–12 minutit, köögiviljade puhul 8–10 minutit ja tomatite puhul 4 minutit.

4. Eemalda kana sülitusest. Tükelda kana ning lõika suvikõrvits, baklažaan ja paprika hammustuste suurusteks tükkideks. Eemalda tomatid vardast (ära tükelda). Laota kana ja köögiviljad vaagnale. Serveerimiseks pane salatilehe sisse kana ja köögivilju; Nirista üle röstitud piiniapähklikastmega. Serveeri sidruniviiludega.

AHJUS HAUTATUD KANARIND SEENTE, LILLKAPSA

KÜÜSLAUGUPÜREEGA JA RÖSTITUD SPARGLIGA

ALGUSEST LÕPUNI:50 minutiga valmistab: 4 portsjonit

4 10-12 untsi kana rinnapoolikut, luud ja nahk
3 tassi väikseid valgeid seeni
1 tass õhukeselt viilutatud porrulauku või kollast sibulat
2 tassi kana kondipuljongit (vtretsept) või ilma soolata
    kanapuljongit
1 tass kuiva valget veini
1 suur hunnik värsket tüümiani
Must pipar
valge veini äädikas (valikuline)
1 pea lillkapsast, eraldatud õisikuteks
12 küüslauguküünt, kooritud
2 spl oliiviõli
Valge või Cayenne'i pipar
1 kilo sparglit, kärbitud
2 tl oliiviõli

1. Kuumuta ahi temperatuurini 400 °F. Laota kanarinnad 3-
   liitrisesse ristkülikukujulisse pajavormi. Kõige peale
   tõsta seened ja porru. Vala kana ja köögiviljadele peale
   kanakondipuljong ja vein. Puista peale tüümiani ja
   puista peale musta pipart. Kata kauss fooliumiga.

2. Küpseta 35-40 minutit või kuni kana sisse sisestatud
   kiirloetav termomeeter näitab 170 °F. Eemaldage ja
   visake ära tüümianioksad. Soovi korral maitsesta
   hautusvedelikku enne serveerimist tilga äädikaga.

2. Samal ajal küpseta lillkapsast ja küüslauku suures kastrulis nii palju keevas vees, et see kataks, umbes 10 minutit või kuni need on väga pehmed. Nõruta lillkapsas ja küüslauk, jättes alles 2 spl keeduvedelikku. Lisa köögikombaini või suurde segamisnõusse lillkapsas ja reserveeritud keeduvedelik. Töötle ühtlaseks* või püreesta kartulimaskiga. Sega juurde 2 spl oliiviõli ja maitsesta valge pipraga. Hoia serveerimiseni soojas.

3. Laota spargel ühe kihina ahjuplaadile. Nirista peale 2 tl oliiviõli ja viska peale. Puista peale musta pipart. Röstige 400 °F ahjus umbes 8 minutit või kuni see on krõbedaks pehme, segades üks kord.

4. Jaga lillkapsapüree kuue serveerimistaldriku vahel. Kõige peale tõsta kana, seened ja porru. Nirista veidi hautamisvedelikku; Serveeri röstitud spargliga.

*Märkus: Köögikombaini kasutamisel olge ettevaatlik, et mitte üle töödelda, vastasel juhul muutub lillkapsas liiga õhukeseks.

TAI STIILIS KANASUPP

ETTEVALMISTUS:Külmutage 30 minutit: Keetke 20 minutit: Valmistage 50 minutit: 4 kuni 6 portsjonit

TAMARIND ON MUSKUSENE, HAPU VILIKASUTATAKSE INDIA, TAI JA MEHHIKO KÖÖGIS. PALJUD KAUBANDUSLIKULT VALMISTATUD TAMARINDIPASTAD SISALDAVAD SUHKRUT – OSTKE KINDLASTI SELLINE, MIS SEDA EI SISALDA. KAFFIR LAIMI LEHED ON ENAMIKUL AASIA TURGUDEL SAADAVAL VÄRSKELT, KÜLMUTATULT JA KUIVATATULT. KUI TE NEID EI LEIA, ASENDAGE LEHED SELLES RETSEPTIS 1½ TL PEENEKS RIIVITUD LAIMIKOOREGA.

2 sidrunheina vart, tükeldatud

2 spl rafineerimata kookosõli

½ tassi õhukeselt viilutatud kevadsibulat

3 suurt küüslauguküünt, õhukeselt viilutatud

8 tassi kana kondipuljongit (vt retsept) või ilma soolata kanapuljongit

¼ tassi tamarindipastat ilma lisatud suhkruta (nt Tamiconi kaubamärk)

2 spl nori helbeid

3 värsket Tai tšillit, õhukeselt viilutatud tervete seemnetega (vt vihje)

3 kaffir laimi lehte

1 3-tolline tükk ingverit, õhukeselt viilutatud

4 6 untsi nahata kondita kana rinnapoolikut

1 14,5 untsi purk soolata kuubikuteks lõigatud tulel röstitud tomateid, soolamata

6 untsi õhukesed spargli odad, kärbitud ja lõigatud
diagonaalselt ½-tollisteks tükkideks

½ tassi pakendatud Tai basiiliku lehti (vtteade)

1. Suruge noaselga ja tugeva survega sidrunheina varred.
Haki purustatud varred peeneks.

2. Kuumuta Hollandi ahjus keskmisel-kõrgel kuumusel
kookosõli. Lisa sidrunhein ja roheline sibul; Küpseta 8–
10 minutit, sageli segades. Lisa küüslauk; küpseta ja
sega 2–3 minutit või kuni see on väga lõhnav.

3. Lisa kanakondipuljong, tamarindipasta, norihelbed,
tšillipipar, laimilehed ja ingver. lase keema tõusta;
Vähendage kuumust. Kata kaanega ja hauta 40 minutit.

4. Vahepeal külmutage kana 20–30 minutiks või kuni see on
hangunud. Lõika kana õhukesteks viiludeks.

5. Kurna supp läbi peene silmaga sõela suurde kastrulisse ja
vajuta maitsete eraldamiseks suure lusika seljaga alla.
Visake ära tahked ained. Aja supp keema. Sega hulka
kana, nõrutamata tomatid, spargel ja basiilik.
Vähendage kuumust; Hauta kaaneta 2–3 minutit või
kuni kana on pehme. Serveeri kohe.

RÖSTITUD KANA SIDRUNI JA SALVEI ENDIIVIAGA

ETTEVALMISTUS:15 minutit Röstimine: 55 minutit Seista: 5 minutit Valmistamine: 4 portsjonit

SIDRUNIVIILUD JA SALVEILEHTKANA NAHA ALLA ASETATUD LIHA MAITSEB KÜPSEMISE AJAL SUUREPÄRASELT – JA PÄRAST AHJUST VÄLJA VÕTMIST JÄÄB KRÕBEDA JA LÄBIPAISTMATU NAHA ALLA PILKUPÜÜDEV KUJUNDUS.

4 kondiga kana rinnapoolikut (koos nahaga)

1 sidrun, väga õhukesteks viiludeks

4 suurt salvei lehte

2 tl oliiviõli

2 tl Vahemere vürtse (vtretsept)

½ tl musta pipart

2 spl ekstra neitsioliiviõli

2 šalottsibulat, viilutatud

2 küüslauguküünt, hakitud

4 endiivia pead, pikuti poolitatud

1. Kuumuta ahi temperatuurini 400 °F. Eraldage nahk koorimisnoaga õrnalt mõlemalt rinnapoolelt, võimaldades sellel ühele küljele kleepuda. Aseta iga rinnatüki viljalihale 2 sidruniviilu ja 1 salveileht. Koorige nahk õrnalt tagasi ja vajutage kinnitamiseks kergelt.

2. Aseta kana madalale pannile. Pintselda kana 2 tl oliiviõliga; Puista peale Vahemere maitseainet ja ¼ tl pipart. Rösti katmata umbes 55 minutit või kuni nahk on pruun ja krõbe ning kana sisse sisestatud kiirloetav

termomeeter näitab 170 °F. Enne serveerimist lase
kana 10 minutit seista.

3. Kuumuta suurel pannil 2 spl oliivõli keskmisel-kõrgel
kuumusel. Lisa šalottsibul; küpseta umbes 2 minutit või
kuni see on läbipaistev. Puista endiiviale ülejäänud ¼ tl
pipraga. Pange küüslauk pannile. Lisa pannile endiivia
ja lõika küljed ära. Küpseta 5 minutit või kuni
pruunistumiseni. Pöörake endiivia õrnalt ümber;
küpseta veel 2–3 minutit või kuni see on pehme.
Serveeri kanaga.

KANA SIBULA, KRESSI JA REDISEGA

ETTEVALMISTUS:Küpseta 20 minutit: küpseta 8 minutit: valmista 30 minutit: 4 portsjonit

KUIGI REDISE KEETMINE VÕIB TUNDUDA IMELIK,NEED ON SIIN VAEVU KÜPSETATUD – JUST NIIPALJU, ET NENDE PIPRANE HAMMUSTUS PEHMENDADA JA VEIDI PEHMENDADA.

3 supilusikatäit oliiviõli

4 10–12 untsi kondiga kana rinnapoolikut (nahaga)

1 spl sidrunimaitseainet (vtretsept)

¾ tassi hakitud kevadsibulat

6 redist õhukesteks viiludeks

¼ tl musta pipart

½ tassi kuiva valget vermutit või kuiva valget veini

⅓ tassi india pähkli koort (vtretsept)

1 hunnik kressi, varred kärbitud, jämedalt tükeldatud

1 spl hakitud värsket tilli

1. Kuumuta ahi temperatuurini 350 °F. Kuumuta suurel pannil oliiviõli keskmisel-kõrgel kuumusel. Patsuta kana paberrätikuga kuivaks. Küpseta kana, nahk allapoole, 4–5 minutit või kuni nahk on kuldne ja krõbe. Pöörake kana ümber; küpseta umbes 4 minutit või kuni pruunistumiseni. Aseta kana nahaga ülespoole madalasse vorminõusse. Puista kanale sidruniürtidega maitseaineid. Küpseta umbes 30 minutit või kuni kana sisse sisestatud kiirloetav termomeeter näitab 170 °F.

2. Vahepeal vala pannilt välja kõik tilgad peale 1 supilusikatäie. Kuumuta pann uuesti kuumaks. Lisa roheline sibul ja redis; Küpseta 3 minutit või kuni kevadsibul on närbunud. Puista peale pipart. Lisa vermut ja sega pruunistunud tükkide eemaldamiseks. lase keema tõusta; küpseta, kuni see on vähenenud ja veidi paksenenud. sega sisse india pähkli koor; lase keema tõusta. Tõsta pann pliidilt. Lisa kress ja till ning sega õrnalt, kuni kress närbub. Segage pajarooga kogunenud kanamahlad.

3. Jaga talisibulasegu nelja serveerimistaldriku vahel. Kõige peale kana.

KANA TIKKA MASALA

ETTEVALMISTUS:Marineerida 30 minutit: küpsetada 4 kuni 6 tundi: praadida 15 minutit: valmistada 8 minutit: 4 portsjonit

SEE OLI INSPIREERITUD VÄGA POPULAARSEST INDIA TOIDUSTSEE EI PRUUGI OLLA LOODUD INDIAS, VAID ÜHENDKUNINGRIIGI INDIA RESTORANIS. TRADITSIOONILINE KANA TIKKA MASALA NÕUAB, ET KANA TULEB MARINEERIDA JOGURTIS JA SEEJÄREL HAUTADA MAITSEKAS TOMATIKASTMES KOOREGA. KUNA PIIMATOOTED EI RIKU KASTME MAITSET, ON SEE VERSIOON ERITI PUHAS. RIISI ASEMEL SERVEERITAKSE SEDA KRÕBEDATE SUVIKÕRVITSA NUUDLITEGA.

1½ naela nahata, kondita kana reied või kana rinnapoolikud

¾ tassi naturaalset kookospiima (nagu Nature's Way)

6 küüslauguküünt, hakitud

1 spl riivitud värsket ingverit

1 tl jahvatatud koriandrit

1 tl paprikat

1 tl jahvatatud köömneid

¼ tl jahvatatud kardemoni

4 spl rafineeritud kookosõli

1 tass hakitud porgandit

1 õhukeselt viilutatud seller

½ tassi hakitud sibulat

2 jalapeño või serrano tšillit, seemnetest (soovi korral) ja peeneks hakituna (vt vihje)

1 14,5 untsi purk soolata kuubikuteks lõigatud tulel röstitud tomateid, soolamata

1 8-untsi purki tomatikastet ilma lisatud soolata

1 tl Garam Masala ilma lisatud soolata

3 keskmist suvikõrvitsat

½ tl musta pipart

Värsked koriandri lehed

1. Kui kasutate kanakintsu, lõigake iga reietükk kolmeks
   tükiks. Kui kasutate kana rinnapoolikuid, lõigake
   kumbki rinnapool 2-tollisteks tükkideks ja lõigake kõik
   paksud osad horisontaalselt pooleks, et need oleksid
   õhemad. Aseta kana suurde taassuletavasse kilekotti.
   kõrvale panema. Marinaadi jaoks sega väikeses kausis
   kokku 1/2 tassi kookospiima, küüslauku, ingverit,
   koriandrit, paprikat, köömneid ja kardemoni. Vala
   marinaad kotis olevale kanale. Sulgege kott ja keerake
   kana katteks. Asetage kott keskmise suurusega kaussi.
   Marineerige külmkapis 4–6 tundi, aeg-ajalt kotti
   keerates.

2. Eelsoojenda broilerid. Kuumuta suurel pannil 2 spl
   kookosõli keskmisel-kõrgel kuumusel. Lisa porgand,
   seller ja sibul; Küpseta 6–8 minutit või kuni köögiviljad
   on pehmed, aeg-ajalt segades. Lisa jalapeños; küpseta ja
   sega veel 1 minut. Lisa nõrutamata tomatid ja
   tomatikaste. lase keema tõusta; Vähendage kuumust.
   Hauta kaaneta umbes 5 minutit või kuni kaste veidi
   pakseneb.

3. Nõruta kana ja visake marinaad ära. Laota kanatükid ühe
   kihina pannil kuumutamata restile. Röstige 5–6 tolli
   tulelt maha 8–10 minutit või seni, kuni kana ei ole enam
   roosa, keerates seda poole röstimise ajal korra. Lisage
   keedetud kanatükid ja ülejäänud ¼ tassi kookospiima

pannil olevale tomatisegule. Küpseta 1 kuni 2 minutit või kuni see on läbi kuumutatud. Eemaldage pliidilt; Sega juurde garam masala.

4. Tükelda suvikõrvits. Lõika suvikõrvits julienne lõikuri abil pikkadeks õhukesteks ribadeks. Kuumuta eriti suurel pannil ülejäänud 2 supilusikatäit kookosõli keskmisel-kõrgel kuumusel. Lisa suvikõrvitsaribad ja must pipar. Küpseta ja sega 2–3 minutit või kuni suvikõrvits on krõbedaks pehme.

5. Serveerimiseks jaga suvikõrvits nelja serveerimistaldriku vahel. Tõsta peale kanasegu. Kaunista koriandrilehtedega.

RAS EL HANOUT KANAKINTSUD

ETTEVALMISTUS:Küpseta 20 minutit: Tee 40 minutit: 4 portsjonit

RAS EL HANOUT ON KOMPLEKSJA EKSOOTILINE MAROKO VÜRTSISEGU. SEE FRAAS TÄHENDAB ARAABIA KEELES "POE JUHT", MIS TÄHENDAB, ET SEE ON AINULAADNE SEGU PARIMATEST VÜRTSIDEST, MIDA VÜRTSIMÜÜJAL PAKKUDA ON. RAS EL HANOUT'I JAOKS POLE KINDLAT RETSEPTI, KUID SEE SISALDAB SAGELI INGVERI, ANIISI, KANEELI, MUSKAATPÄHKLI, PIPRATERADE, NELGI, KARDEMONI, KUIVATATUD LILLEDE (NAGU LAVENDEL JA ROOS), NIGELLA, MUSKAATI, GALANGALI JA KURKUMI SEGU.

1 spl jahvatatud köömneid

2 tl jahvatatud ingverit

1½ tl musta pipart

1½ tl jahvatatud kaneeli

1 tl jahvatatud koriandrit

1 tl Cayenne'i pipart

1 tl jahvatatud piment

½ tl jahvatatud nelki

¼ tl jahvatatud muskaatpähklit

1 tl safrani niidid (valikuline)

4 spl rafineerimata kookosõli

8 kondiga kanakintsu

1 8-untsi pakk värskeid seeni, viilutatud

1 tass hakitud sibulat

1 tass hakitud punast, kollast või rohelist paprikat (1 suur)

4 roma tomatit, seemnetest puhastatud, seemnetest puhastatud ja tükeldatud

4 küüslauguküünt, hakitud

2 13,5-untsi purki naturaalset kookospiima (nagu Nature's Way)

3 kuni 4 supilusikatäit värsket laimimahla

¼ tassi peeneks hakitud värsket koriandrit

1. Ras el hanouti jaoks segage keskmise suurusega uhmris või väikeses kausis soovi korral köömned, ingver, must pipar, kaneel, koriander, cayenne, piment, nelk, muskaatpähkel ja safran. Jahvata nuiaga või sega lusikaga korralikult läbi. Kõrvale panema.

2. Kuumuta eriti suurel pannil 2 spl kookosõli keskmisel-kõrgel kuumusel. Puista kanakintsudele 1 spl ras el hanout. Lisa pannile kana; Küpseta 5–6 minutit või kuni pruunistumiseni, keerates poole küpsetamise ajal üks kord. Võta kana pannilt välja. soojas hoida.

3. Kuumutage samal pannil keskmisel-kõrgel kuumusel ülejäänud 2 spl kookosõli. Lisa seened, sibul, paprika, tomat ja küüslauk. Küpseta ja sega umbes 5 minutit või kuni köögiviljad on pehmed. Sega juurde kookospiim, laimimahl ja 1 spl ras el hanout. Tõsta kana pannile tagasi. lase keema tõusta; Vähendage kuumust. Kata kaanega ja hauta umbes 30 minutit või kuni kana on pehme.

4. Serveeri kana, köögiviljad ja kaste kaussides. Kaunista koriandriga.

Märkus. Säilitage ras el hanouti jääke suletud anumas kuni 1 kuu.

STAR FRUIT ADOBO KANA REIED HAUTATUD SPINATIGA

ETTEVALMISTUS:Marineerida 40 minutit: küpsetada 4 kuni 8 tundi: 45 minutit teha: 4 portsjonit

VAJADUSEL PATSUTA KANA KUIVAKSPABERRÄTIKUGA PÄRAST MARINAADIST VÄLJUMIST ENNE PANNIL PRUUNISTAMIST. LIHALE JÄÄNUD VEDELIK PRITSIB KUUMA ÕLI SISSE.

8 kondiga kanakintsu (1½ kuni 2 naela), nülitud

¾ tassi valget või õunasiidri äädikat

¾ tassi värsket apelsinimahla

½ tassi vett

¼ tassi hakitud sibulat

¼ tassi värsket koriandrit

4 küüslauguküünt, hakitud

½ tl musta pipart

1 spl oliiviõli

1 tärnvili (karambola), viilutatud

1 tass kanalihapuljongit (vtretsept) või ilma soolata kanapuljongit

2 9-untsi pakki värskeid spinati lehti

Värsked koriandri lehed (valikuline)

1. Asetage kana roostevabast terasest või emailitud hollandi ahju. kõrvale panema. Sega keskmises kausis äädikas, apelsinimahl, vesi, sibul, ¼ tassi hakitud koriandrit, küüslauku ja pipart. vala kana peale. Kata kaanega ja marineeri külmikus 4–8 tundi.

2. Kuumuta kanasegu Hollandi ahjus keskmisel-kõrgel kuumusel keema; Vähendage kuumust. Kata kaanega ja hauta 35–40 minutit või kuni kana ei ole enam roosa.

3. Kuumuta eriti suurel pannil keskmisel-kõrgel kuumusel õli. Tõmmake kana tangide abil Hollandi ahjust välja ja raputage õrnalt, et keeduvedelik välja voolaks. säästa keeduvedelikku. Pruunista kana igast küljest, pruunistades sageli ühtlaselt.

4. Kurna vahepeal kastme jaoks keeduvedelik. tagasi Hollandi ahju. Kuumuta keemiseni. Küpseta umbes 4 minutit, et vähendada ja veidi paksendada; lisada tähtpuuvilju; Küpseta 1 minut. Pange kana Hollandi ahju kastmesse tagasi. Eemaldage pliidilt; kate soojas hoidmiseks.

5. Pühkige pann ära. Vala pannile kanakondipuljong. Kuumuta keskmisel-kõrgel kuumusel keemiseni; Sega hulka spinat. Vähendage kuumust; Hauta pidevalt segades 1–2 minutit või kuni spinat on lihtsalt närbunud. Tõsta spinat lusika abil serveerimisvaagnale. Kõige peale kana ja kaste. Soovi korral puista peale koriandrilehti.

KANA POBLANO KAPSA TACOS CHIPOTLE MAYOGA

ETTEVALMISTUS:Küpseta 25 minutit: 40 minutit teeb: 4 portsjonit

SERVEERIGE NEID SEGASEID, KUID MAITSVAID TACOSIDKAHVLIGA, ET EEMALDADA TÄIDIS, MIS SÖÖMISE AJAL KAPSALEHEST VÄLJA KUKUB.

1 spl oliiviõli

2 poblano tšillit, seemnetega (soovi korral) ja tükeldatud (vt vihje)

½ tassi hakitud sibulat

3 küüslauguküünt, hakitud

1 spl soolavaba tšillipulbrit

2 tl jahvatatud köömneid

½ tl musta pipart

1 8-untsi purki tomatikastet ilma lisatud soolata

¾ tassi kana kondipuljongit (vt retsept) või ilma soolata kanapuljongit

1 tl kuivatatud Mehhiko pune, purustatud

1 kuni 1½ naela nahata, kondita kana reied

10–12 keskmist kuni suurt kapsalehte

Chipotle Paleo Mayo (vt retsept)

1. Kuumuta ahi temperatuurini 350 °F. Kuumuta suurel ahjukindlal pannil õli keskmisel-kõrgel kuumusel. Lisa poblano tšillid, sibul ja küüslauk; keetke ja segage 2 minutit. Sega tšillipulber, köömned ja must pipar; küpseta ja sega veel 1 minut (vajadusel vähenda kuumust, et vältida vürtside kõrbemist).

2. Lisa pannile tomatikaste, kanapuljong ja pune. Kuumuta keemiseni. Tõsta kanakintsud õrnalt tomatisegusse. Kata pann kaanega. Küpseta umbes 40 minutit või kuni kana on pehme (175 °F), keerates kana ühe korra pooleks.

3. Eemaldage kana pannilt; lase veidi jahtuda. Lõika kana kahe kahvli abil hammustusesuurusteks tükkideks. Sega tükeldatud kana pannil tomatisegu hulka.

4. Serveerimiseks murra kanasegu kapsalehtede hulka. Top Chipotle Paleo Mayoga.

KANAHAUTIS BEEBIPORGANDI JA BOK CHOYGA

ETTEVALMISTUS:15 minutit keetmist: 24 minutit seistes: 2 minutit valmistab: 4 portsjonit

BABY BOK CHOY ON VÄGA ÕRNJA SEDA SAAB KIIRELT KÜPSETADA. ET SEE JÄÄKS KRÕBEDA JA VÄRSKE MAITSEGA – MITTE NÄRBUNUD JA NÄRTSINUD – VEENDUGE, ET SEE AURUKS KAANEGA KUUMAS POTIS (PLIIDIPLAADILT MAHA) ENNE HAUTISE SERVEERIMIST MITTE KAUEM KUI 2 MINUTIT.

2 spl oliiviõli

1 porrulauk, viilutatud (valged ja helerohelised osad)

4 tassi kana kondipuljongit (vtretsept) või ilma soolata kanapuljongit

1 tass kuiva valget veini

1 spl Dijoni stiilis sinepit (vtretsept)

½ tl musta pipart

1 oksake värsket tüümiani

1¼ naela nahata kondita kana reied, lõigatud 1-tollisteks tükkideks

8 untsi porgandit, otstega, kooritud, kärbitud ja pikuti poolitatud või 2 keskmist porgandit, diagonaalselt viilutatud

2 tl peeneks riivitud sidrunikoort (kõrvale tõstetud)

1 spl värsket sidrunimahla

2 baby bok choy pead

½ tl hakitud värsket tüümiani

1. Kuumuta suures potis 1 spl oliiviõli keskmisel-kõrgel kuumusel. Küpseta porrulauku kuumas õlis 3–4 minutit või kuni see on närbunud. Lisa kanakondipuljong, vein,

Dijoni stiilis sinep, ¼ tl pipart ja tüümianioksake. lase keema tõusta; Vähendage kuumust. Küpseta 10–12 minutit või seni, kuni vedelik on vähenenud umbes kolmandiku võrra. Visake tüümiani oks ära.

2. Kuumuta Hollandi ahjus ülejäänud 1 spl oliiviõli keskmisel-kõrgel kuumusel. Puista kana peale ülejäänud ¼ tl pipraga. Küpseta kuumas õlis, aeg-ajalt segades, umbes 3 minutit või kuni pruunistumiseni. Vajadusel tühjendage rasv. Lisa ettevaatlikult kastrulisse vähendatud puljongisegu ja kraabi ära pruunid tükid. Lisa porgandid. lase keema tõusta; Vähendage kuumust. Hauta kaaneta 8–10 minutit või kuni porgandid on pehmed. Sega juurde sidrunimahl. Poolita bok choy pikuti. (Kui bok choy pead on suured, lõigake need neljandikku.) Asetage bok choy kastrulisse kana peale. Katke ja eemaldage kuumusest; Jätke 2 minutiks.

3. Vala hautis madalatesse kaussidesse. Puista peale sidrunikoor ja tüümian.

RÖSTI INDIA PÄHKLI APELSINIKANA JA PAPRIKAT SALATIMÄHISTES

ALGUSEST LÕPUNI:45 minutit valmistab: 4 kuni 6 portsjonit

LEIAD KAHTE TÜÜPIKOOKOSÕLI RIIULITEL - RAFINEERITUD JA EKSTRA NEITSI VÕI RAFINEERIMATA. NAGU NIMIGI ÜTLEB, PÄRINEB EKSTRA NEITSI KOOKOSÕLI VÄRSKE, TOORE KOOKOSPÄHKLI ESMAKORDSEL PRESSIMISEL. KESKMISEL VÕI KESKMISEL KUUMUSEL KÜPSETAMISEL ON SEE ALATI PAREM VALIK. RAFINEERITUD KOOKOSÕLIL ON KÕRGEM SUITSUPUNKT. SEETÕTTU KASUTAGE SEDA AINULT KÕRGEL KUUMUSEL KÜPSETAMISEL.

1 spl rafineeritud kookosõli

1½ kuni 2 naela nahata kondita kana reied, lõigatud õhukesteks hammustavateks ribadeks

3 punast, oranži ja/või kollast paprikat, varred, seemned ja hammustuse suurusteks ribadeks lõigatud

1 punane sibul, pikuti poolitatud ja õhukesteks viiludeks

1 tl peeneks riivitud apelsinikoort (kõrvale tõstetud)

½ tassi värsket apelsinimahla

1 spl hakitud värsket ingverit

3 küüslauguküünt, hakitud

1 tass soolamata tooreid india pähkleid, röstitud ja jämedalt tükeldatud (vt vihje)

½ tassi hakitud rohelist sibulat (4)

8–10 või- või jääsalatilehte

1. Kuumuta vokkpannil või suurel pannil kõrgel kuumusel kookosõli. Lisa kana; keetke ja segage 2 minutit. lisa

paprika ja sibul; küpseta ja sega 2–3 minutit või kuni köögiviljad hakkavad lihtsalt pehmenema. Eemalda kana ja köögiviljad wokist. soojas hoida.

2. Pühkige vokk paberrätikuga. Pane vokkpannile apelsinimahl. Küpseta umbes 3 minutit või kuni mahl keeb ja väheneb veidi. Lisa ingver ja küüslauk. Keeda ja sega 1 minut. Tõsta kana ja pipra segu tagasi vokki. Sega hulka apelsinikoor, india pähklid ja kevadsibul. Prae segades salatilehtedel.

VIETNAMI KOOKOSE SIDRUNHEINA KANA

SEE KIIRE KOOKOSKARRIVÕIB OLLA LAUAL 30 MINUTIGA ALATES HAKKIMISE ALUSTAMISEST, MISTÕTTU ON SEE IDEAALNE EINE KIIREKS NÄDALAKS.

1 spl rafineerimata kookosõli

4 sidrunheina vart (ainult kahvatud osad)

1 3,2-untsi pakend austrisseeni, tükeldatud

1 suur sibul õhukesteks viiludeks, rõngad poolitatud

1 värske jalapeño, seemnetest puhastatud ja peeneks hakitud (vtvihje)

2 spl hakitud värsket ingverit

3 küüslauguküünt hakitud

1½ naela nahata, kondita kana reied, õhukeselt viilutatud ja hammustussuurusteks tükkideks lõigatud

½ tassi naturaalset kookospiima (nagu Nature's Way)

½ tassi kana kondipuljongit (vtretsept) või ilma soolata kanapuljongit

1 spl soolavaba punast karripulbrit

½ tl musta pipart

½ tassi hakitud värskeid basiiliku lehti

2 spl värsket laimimahla

Magustamata raseeritud kookospähkel (valikuline)

1. Kuumuta eriti suurel pannil keskmisel-kõrgel kuumusel kookosõli. lisa sidrunhein; keetke ja segage 1 minut. Lisa seened, sibul, jalapeño, ingver ja küüslauk; küpseta ja sega 2 minutit või kuni sibul on pehme. Lisa kana;

küpseta umbes 3 minutit või kuni kana on läbi küpsenud.

2. Sega väikeses kausis kookospiim, kanakondipuljong, karripulber ja must pipar. Lisa pannil olevale kanasegule; Küpseta 1 minut või kuni vedelik on veidi paksenenud. Eemaldage pliidilt; Sega juurde värske basiilik ja laimimahl. Soovi korral puista portsjonid kookospähkliga.

GRILLITUD KANA-ÕUNA-ESCAROLE SALAT

ETTEVALMISTUS:30 minutit grillimist: 12 minutit valmistab: 4 portsjonit

KUI SULLE MEELDIB MAGUSAM ÕUN,MINE HONEYCRISPIGA. KUI TEILE MEELDIB HAPUKAS ÕUN, KASUTAGE OMA SMITHI – VÕI PROOVIGE TASAKAALUSTAMISEKS NENDE KAHE SEGU.

3 keskmist Honeycrispi või Granny Smithi õuna

4 tl ekstra neitsioliiviõli

½ tassi peeneks hakitud šalottsibulat

2 spl hakitud värsket peterselli

1 spl linnulihamaitseainet

3–4 peaga eskarool, neljandikku

1 nael jahvatatud kana- või kalkunirind

⅓ tassi hakitud röstitud sarapuupähkleid*

⅓ tassi klassikalist prantsuse vinegretti (vtretsept)

1. Poolita õunad ja eemalda südamik. Koori ja haki peeneks 1 õun. Kuumuta keskmisel pannil 1 tl oliiviõli keskmisel-kõrgel kuumusel. Lisa tükeldatud õun ja šalottsibul; küpseta pehmeks. Sega juurde petersell ja kanamaitseaine. Tõsta kõrvale jahtuma.

2. Vahepeal eemalda ülejäänud 2 õunast südamikud ja viiludeks. Pintselda õunaviilude ja eskarooli lõikepooled ülejäänud oliiviõliga. Sega suures kausis kana ja jahutatud õunasegu. Jaga kaheksaks osaks; Vormi iga osa 2-tollise läbimõõduga pätsiks.

3. Söe- või gaasigrilli jaoks asetage kanakotletid ja õunaviilud keskmisel-kõrgel kuumusel otse

küpsetusrestile. Kata kaanega ja grilli 10 minutit, poole küpsetamise ajal üks kord keerake. Lisa eskarool, lõika küljed ära. Katke ja grillige 2–4 minutit või kuni eskarool on kergelt söestunud, õunad pehmed ja kanakotletid on valmis (165 °F).

4. Haki eskarool jämedalt. Jaga eskarool nelja serveerimistaldriku vahel. Kõige peale pane kanakotletid, õunaviilud ja sarapuupähklid. Nirista peale klassikalist prantsuse vinegretti.

*Nõuanne: sarapuupähklite röstimiseks soojendage ahi temperatuurini 350 °F. Laota pähklid ühe kihina madalale ahjupannile. Küpseta 8–10 minutit või kuni see on kergelt röstitud, segades üks kord ühtlaseks röstimiseks. Lase pähklitel veidi jahtuda. Asetage soojad pähklid puhtale köögirätikule. Hõõruge rätikuga, et eemaldada lahtised nahad.

TOSCANA KANASUPP LEHTKAPSA LINTIDEGA

ETTEVALMISTUS:Küpseta 15 minutit: Tee 20 minutit: 4 kuni 6 portsjonit

LUSIKATÄIS PESTOT- TEIE VALITUD BASIILIK VÕI RUKOLA – LISAB SELLELE SOOLAVABA LINNULIHAMAITSEAINEGA MAITSESTATUD RAMMUSALE SUPILE SUUREPÄRASE MAITSE. SELLEKS, ET LEHTKAPSAPAELAD OLEKSID ERKROHELISED JA VÕIMALIKULT TOITVAD, KÜPSETA NEID AINULT NÄRBUMISENI.

1 nael jahvatatud kana

2 supilusikatäit linnuliha maitseainet, millele pole lisatud soola

1 tl peeneks hakitud sidrunikoort

1 spl oliiviõli

1 tass hakitud sibulat

½ tassi hakitud porgandit

1 tass hakitud sellerit

4 küüslauguküünt, viilutatud

4 tassi kana kondipuljongit (vtretsept) või ilma soolata kanapuljongit

1 14,5-untsine purk soolamata tulel röstitud tomateid, kuivatamata

1 hunnik lacinato (Toscana) lehtkapsast, varred eemaldatud, ribadeks lõigatud

2 spl värsket sidrunimahla

1 tl hakitud värsket tüümiani

basiiliku või rukola pesto (vtretseptid)

1. Sega keskmises kausis jahvatatud kana, linnulihamaitseaine ja sidrunikoor. Sega hästi.

2. Kuumuta Hollandi ahjus oliiviõli keskmisel-kõrgel kuumusel. Lisa kana segu, sibul, porgand ja seller; Küpseta 5–8 minutit või seni, kuni kana ei ole enam roosa, segades puulusikaga liha purustamiseks ja lisades viimase 1 minuti jooksul küüslauguviile. Lisa kanakondipuljong ja tomatid. lase keema tõusta; Vähendage kuumust. Kata kaanega ja hauta 15 minutit. Sega juurde lehtkapsas, sidrunimahl ja tüümian. Hauta kaaneta umbes 5 minutit või kuni lehtkapsas on lihtsalt närbunud.

3. Serveerimiseks kühvelda supp serveerimiskaussidesse ja tõsta peale basiiliku- või raketipesto.

KANALIHA

ETTEVALMISTUS:Küpseta 15 minutit: jahuta 8 minutit: valmista 20 minutit: 4 portsjonit

SEE POPULAARSE TAI ROA VERSIOONKÕRGELT MAITSESTATUD JAHVATATUD KANA JA KÖÖGIVILJAD, MIDA SERVEERITAKSE SALATILEHTEDES, ON USKUMATULT KERGE JA MAITSEV – ILMA LISATUD SUHKRU, SOOLA JA KALAKASTMETA (MIS ON VÄGA KÕRGE NAATRIUMISISALDUSEGA), MIS ON TRADITSIOONILISELT KOOSTISOSADE NIMEKIRJAS. KÜÜSLAUGU, TAI TŠILLI, SIDRUNHEINA, LAIMIKOORE, LAIMIMAHLA, PIPARMÜNDI JA KORIANDRIGA EI JÄÄ TE NEIST ILMA.

1 spl rafineeritud kookosõli

2 naela jahvatatud kana (95% lahja või jahvatatud rinnatükk)

8 untsi seeni, peeneks hakitud

1 tass peeneks hakitud punast sibulat

1 kuni 2 Tai tšillit, seemnetest puhastatud ja peeneks hakitud (vtvihje)

2 spl hakitud küüslauku

2 supilusikatäit peeneks hakitud sidrunheina*

¼ tl jahvatatud nelki

¼ tl musta pipart

1 spl peeneks riivitud laimikoort

½ tassi värsket laimimahla

⅓ tassi tihedalt pakitud värskeid piparmündilehti, hakitud

⅓ tassi tihedalt pakitud värsket koriandrit, hakitud

1 pea jääsalatit, eraldatud lehtedeks

1. Kuumuta eriti suurel pannil keskmisel-kõrgel kuumusel kookosõli. Lisa jahvatatud kana, seened, sibul, tšilli(d), küüslauk, sidrunhein, nelk ja must pipar. Küpseta 8–10 minutit või kuni kana on läbi küpsenud, segades puulusikaga, et liha küpsemise ajal puruneks. Vajadusel kurnata. Asetage kana segu eriti suurde kaussi. Laske jahtuda umbes 20 minutit või kuni see on veidi soojem kui toatemperatuur, aeg-ajalt segades.

2. Sega laimikoor, laimimahl, piparmünt ja koriander kanasegusse. Serveeri salatilehtedes.

* Näpunäide: Sidrunheina valmistamiseks on vaja teravat nuga. Lõika puitunud vars varre alt ja sitked rohelised labad taime ülaosas. Eemaldage kaks tugevat välimist kihti. Sul peaks olema tükk sidrunheina, mis on umbes 6 tolli pikk ja helekollane-valge. Lõika vars horisontaalselt pooleks, seejärel lõika kumbki pool uuesti pooleks. Viiluta iga veerand varrest väga õhukeseks.

KANABURGER SZECHWANI KAŠUPÄHKLIKASTMEGA

ETTEVALMISTUS:30 minutit küpsetamist: 5 minutit grillimist: 14 minutit küpsetamist: 4 portsjonit

KUUMUTAMISEL VALMISTATUD TŠILLIÕLIOLIIVIÕLI PURUSTATUD PUNASE PIPRAGA VÕIB KASUTADA KA MUUL VIISIL. KASUTAGE SEDA VÄRSKETE KÖÖGIVILJADE PRAADIMISEKS VÕI RAPUTAGE ENNE PRAADIMIST TŠILLIÕLIGA.

2 spl oliiviõli

¼ tl purustatud punast pipart

2 tassi tooreid india pähklitükke, röstitud (vtvihje)

¼ tassi oliiviõli

½ tassi hakitud suvikõrvitsat

¼ tassi peeneks hakitud murulauku

2 küüslauguküünt, hakitud

2 tl peeneks hakitud sidrunikoort

2 tl riivitud värsket ingverit

1 nael jahvatatud kana- või kalkunirind

SZECHWANI INDIA PÄHKLI KASTE

1 spl oliiviõli

2 supilusikatäit peeneks hakitud rohelist sibulat

1 spl riivitud värsket ingverit

1 tl Hiina viie vürtsi pulbrit

1 tl värsket laimimahla

4 rohelist lehte või võisalati lehte

1. Tšilliõli jaoks sega väikeses kastrulis oliiviõli ja purustatud punane pipar. Kuumuta madalal kuumusel 5 minutit. Eemaldage pliidilt; lase jahtuda.

2. India pähklivõi jaoks pane blenderisse india pähklid ja 1 spl oliiviõli. Katke ja koor, kraapides vajadusel külgi ja lisage mõlemale 1 supilusikatäis oliiviõli, kuni kõik ¼ tassi on ära kasutatud ja või on väga pehme. kõrvale panema.

3. Sega suures kausis suvikõrvits, murulauk, küüslauk, sidrunikoor ja 2 tl ingverit. Lisa jahvatatud kana; sega hästi. Vormi kana segust neli ½ tolli paksust pätsi.

4. Söe- või gaasigrilli jaoks asetage pätsikesed otse määritud restile keskmisel-kõrgel kuumusel. Katke ja grillige 14–16 minutit või kuni valmis (165 °F). Pöörake üks kord poole küpsetamise ajal.

5. Samal ajal kuumuta kastme jaoks oliiviõli väikesel pannil keskmisel-kõrgel kuumusel. Lisa kevadised sibulad ja 1 spl ingverit; Küpseta keskmisel-kõrgel kuumusel 2 minutit või kuni kevadsibul on pehme. Lisa 1/2 tassi india pähklivõid (jätke kašupähklivõid külmikusse kuni 1 nädalaks), tšilliõli, laimimahla ja viis vürtsipulbrit. Küpseta veel 2 minutit. Eemaldage pliidilt.

6. Serveeri pätsikesed salatilehtedel. Nirista üle kastmega.

TÜRGI KANA WRAPID

ETTEVALMISTUS:Seista 25 minutit: küpseta 15 minutit: 8 minutit teeb: 4 kuni 6 portsjonit

"BAHARAT" TÄHENDAB ARAABIA KEELES LIHTSALT "VÜRTSI".LÄHIS-IDA KÖÖGIS UNIVERSAALNE MAITSEAINE, MIDA KASUTATAKSE TAVALISELT KALA, LINNULIHA JA LIHA HÕÕRUMISEKS VÕI OLIIVIÕLIGA SEGATUNA JA KÖÖGIVILJAMARINAADINA. SOOJADE MAGUSATE VÜRTSIDE, NAGU KANEEL, KÖÖMNED, KORIANDER, NELK JA PAPRIKA, KOMBINATSIOON MUUDAB SELLE ERITI AROMAATSEKS. KUIVATATUD PIPARMÜNDI LISAMINE ON TÜRGI HÕNGU.

⅓ tassi väävlita kuivatatud aprikoose

⅓ tassi kuivatatud viigimarju

1 spl rafineerimata kookosõli

1½ naela jahvatatud kanarind

3 tassi hakitud porrulauku (ainult valged ja helerohelised osad) (3)

⅔ keskmist rohelist ja/või punast paprikat, õhukeseks viilutatud

2 supilusikatäit Baharati vürtsi (vt retsept, allpool)

2 küüslauguküünt, hakitud

1 tass tükeldatud seemnetega tomatit (2 keskmist)

1 tass tükeldatud seemnetega kurki (½ keskmist)

½ tassi tükeldatud kooritud soolamata pistaatsiapähklid, röstitud (vt vihje)

¼ tassi värsket piparmünti

¼ tassi hakitud värsket peterselli

8 kuni 12 suurt lehtsalatilehte

1. Asetage aprikoosid ja viigimarjad väikesesse kaussi. Lisa ⅔ tassi keeva vett; Jätke 15 minutiks. Nõruta, jättes alles 1/2 tassi vedelikku.

2. Kuumuta eriti suurel pannil keskmisel-kõrgel kuumusel kookosõli. Lisa jahvatatud kana; Küpseta 3 minutit, segades puulusikaga, et liha küpsemise ajal puruneks. Lisa porru, paprika, baharati vürts ja küüslauk; küpseta ja sega umbes 3 minutit või kuni kana on valmis ja pipar on pehme. Lisa aprikoosid, viigimarjad, reserveeritud vedelik, tomatid ja kurgid. Küpseta ja segage umbes 2 minutit või kuni tomatid ja kurgid hakkavad lagunema. Sega juurde pistaatsiapähklid, piparmünt ja petersell.

3. Serveeri kana ja juurvilju salatilehtedes.

Baharat Spice: Sega väikeses kausis kokku 2 supilusikatäit magusat paprikat; 1 supilusikatäis musta pipart; 2 tl kuivatatud piparmünt, peeneks hakitud; 2 tl jahvatatud köömneid; 2 tl jahvatatud koriandrit; 2 tl jahvatatud kaneeli; 2 tl jahvatatud nelki; 1 tl jahvatatud muskaatpähkel; ja 1 tl jahvatatud kardemoni. Hoida tihedalt suletud anumas toatemperatuuril. Teeb umbes pool tassi.

HISPAANIA CORNISH KANAD

SEE RETSEPT EI SAAKS OLLA LIHTSAM- JA TULEMUSED ON TÄIESTI HÄMMASTAVAD. ROHKE SUITSUPAPRIKA, KÜÜSLAUK JA SIDRUN ANNAVAD NEILE PISIKESTELE LINDUDELE SUURE MAITSE.

2 1½ naela Cornishi kanad, sulatatud, kui need on
    külmunud

1 spl oliiviõli

6 küüslauguküünt, hakitud

2 kuni 3 spl suitsutatud magusat paprikat

¼ kuni ½ tl Cayenne'i pipart (valikuline)

2 sidrunit, neljaks lõigatud

2 supilusikatäit värsket peterselli (valikuline)

1. Kuumuta ahi temperatuurini 375°F. Metskanade veerandimiseks kasutage köögikääre või teravat nuga, et lõigata mööda kitsast selgroogu mõlemalt poolt. Liblikalt ava lind ja lõika kana läbi rinnaluu pooleks. Eemaldage tagaveerandid, lõigates läbi naha ja viljaliha, eraldades reied rinnast. Hoidke tiib ja rind puutumata. Hõõru Cornish kanatükid oliiviõliga üle. Puista peale hakitud küüslauk.

2. Aseta kanatükid, nahk üleval, eriti suurele ahjupannile. Puista peale suitsupaprika ja cayenne'i pipar. Pigista sidruniveerandid kanadele; Pane pannile sidruniveerandid. Keera pannil kananahatükid näoga

allapoole. Kata ja küpseta 30 minutit. Võta pann ahjust välja.

3. Eelsoojenda broilerid. Keerake osad tangidega. Seadke ahjurest. Röstige 4–5 tolli tulelt 6–8 minutit, kuni nahk on pruunistunud ja kanad on valmis (175 °F). Nirista pannimahladega. Soovi korral puista peale peterselli.

salatid. Serveeri kohe.

Lightning Source UK Ltd.
Milton Keynes UK
UKHW010901080223
416610UK00013B/927

9 781837 524839